CAMBRIDGE STUDIES IN ECONOMIC HISTORY

PUBLISHED *with the aid of the Ellen McArthur Fund*

MANAGERS OF THE FUND
PROFESSOR C. H. WILSON, *Jesus College, Cambridge and*
DR C. H. FEINSTEIN, *Clare College, Cambridge*

Winchester Yields: a Study in Medieval Agricultural Productivity

Winchester Yields

A Study in Medieval Agricultural Productivity

J. Z. TITOW

Reader in Medieval Economic and Social History
University of Nottingham

CAMBRIDGE
AT THE UNIVERSITY PRESS, 1972

Published by the Syndics of the Cambridge University Press
Bentley House, 200 Euston Road, London NW1 2DB
American Branch: 32 East 57th Street, New York, N.Y.10022

Library of Congress Catalogue Card Number: 72–171685

ISBN: 0 521 08349 4

Printed in Great Britain
at the University Printing House, Cambridge
(Brooke Crutchley, University Printer)

Contents

Contents

Tables

Acknowledgements

I am most grateful to Professor M. M. Postan and the late Professor J. D. Chambers for having read the typescript of this study and offering their comments; especially to Professor Postan who was kind enough to read through, and comment upon, at least two successive versions of it. My thanks are due to anonymous members of the editorial board of the *Economic History Review* who commented on the original draft of this study and whose criticisms I tried to bear in mind when rewriting it. I wish also to record my gratitude to Professor C. W. J. Granger, of the University of Nottingham, for discussing the validity of my statistical approach with me. Lastly, I wish to express my deep appreciation of the ungrudging assistance that I have always received from the staff of the Hampshire Record Office during many months of my work there.

This essay was awarded the Ellen McArthur Prize, at the University of Cambridge, in 1970. The Managers of the Fund have made a grant towards the cost of publication, which I much appreciate.

I

To anyone interested in the rural society in thirteenth-century England, the problem of productivity of corn – its general level, and its changes in the course of time – must be of considerable importance. This is so mainly for two reasons. Although it is not possible to calculate the amount of land per head of population at any time, it is a well established fact that a vast proportion of the English peasantry in the thirteenth century lived on relatively small holdings, and it is also almost certain that the amount of land per head must have declined in the late thirteenth century, for by then colonisation seems to have largely petered out while there were, as yet, no obvious signs that the upward demographic trend was coming to a halt.[1] The threat represented by this development to the standard of living of the greater part of the peasantry would largely depend on what happened to the productivity of their land.

It is unfortunately not possible, and never will be, to calculate yields of peasant holdings, simply because no documents exist enabling us to do so. It is however possible to make such calculations for some of the great estates, and there is no reason to assume that the findings for the demesne land could not be, subject to certain qualifications, applied validly to illuminate the problem of productivity on peasant land.

Secondly, if one turns one's attention to the great estates themselves, the problem of productivity is also important. It is a well established fact that on many English estates arable cultivation was shrinking, often drastically, from the end of the thirteenth century onwards, and this cannot be explained on the basis of price movements alone. The usual explanation of this development in terms of the greater profitability of rents over direct cultivation by the landlord is not entirely satisfactory either. There are numerous cases where the contraction of the arable is not accompanied by a corresponding increase in the tenants' land, thus implying abandonment, or changeover to other uses, rather than letting out. But even when the two (the contraction of the demesne and the expansion of the tenants' land) seem to correspond, the very fact of the preference for rents, in itself, needs explaining

[1] For a fuller discussion of this problem see J. Z. Titow, *English Rural Society 1200–1350* (1969), chapter III.

Since on some manors there is hardly any letting out of demesne land at all, while on others it is very extensive, the landlord's decision to rent out the demesne clearly cannot be regarded as a *general* preference for rents but must be seen as a practical expedient dictated by specific conditions obtaining in each case. The knowledge of what happened to productivity in the relevant period is clearly an important consideration in trying to solve the puzzle.

The problem of medieval productivity of land has occupied historians for a long time; the earlier studies,[1] however, have been completely superseded by the appearance in 1927 of Lord Beveridge's study of yields on the estates of the bishopric of Winchester.[2] Though suffering from a number of minor inaccuracies, Lord Beveridge's study is without any doubt the best study of English medieval yields to date, and it has maintained this position without any serious challenge; the most recent discussion of yields, that of Professor Slicher van Bath,[3] is merely a summary recapitulation of figures produced by other writers, and the discussion of yields in various monographs on individual estates published since 1927 is, in all cases, based on a far less satisfactory series of records.

The dominant position of Lord Beveridge's study can be fully appreciated only when it is realised how our knowledge of medieval yields is obtained. The raw data from which final calculations are made is derived from manorial account rolls in which, in the section 'Issue of the Grange' (Exitus grangie), quantities of grain produced and sown are recorded. For the results to be statistically worthwhile a good series of accounts is needed, for not only is it desirable to have returns over a long period, but it is also essential to have the accounts consecutive. This is so because medieval accounts ran from Michaelmas

[1] Particularly, R. Lennard, 'The Alleged Exhaustion of the Soil in Medieval England', *The Economic Journal* XXXII (1922), 12; 'Statistics of Corn Yields in Medieval England: Some Critical Questions', *Economic History* III (1936), 173; and 'Statistics of Corn Yields in Medieval England, Some Additional Critical Questions', *ibid.* III, 12 (1937), 325. See also references in M. Whitney, 'The Yield of Wheat in England during Seven Centuries', *Science* LVIII (1923), 320, and M. K. Bennett, 'British Wheat Yield per Acre for Seven Centuries', *Economic History* III, 10 (1935), 12.

[2] Sir W. Beveridge, 'The Yield and Price of Corn in the Middle Ages', *Economic History* I (1927), 155, also reprinted in *Essays in Economic History* I, edited by E. M. Carus-Wilson (1954).

[3] B. H. Slicher van Bath, 'De oogstopbrengsten van verschillende gewassen voornamelijk granen in verhouding tot het zaaizaad ca. 810–1820', *A. A. G. Bijdragen* IX (1963), 29, and 'Yield Ratios', *ibid.* X (1963).

(29 September) to Michaelmas and the produce of any given year was recorded not in the account roll covering the period during which it was produced and harvested but in the following account covering the period during which it was disposed of; thus the quantity sown and the acreage under seed are recorded in one account roll and the quantity produced in the following one. Although thirteenth-century accounts survive for many estates, none presents such a good series as the Winchester collection and none is earlier than 1250, whereas those for Winchester estates survive from 1208.

With the publication of Lord Beveridge's figures, a far sounder statistical basis was given to the discussion of medieval productivity, but the nature of the discussion itself has also changed over time. It started with an attempt to explain fifteenth-century enclosures by soil exhaustion; it ended by becoming a controversy about changes in productivity in the course of the thirteenth and early fourteenth century. This new development was mainly the work of Professor Postan who argued strongly that the thirteenth-century yields were falling because the continuous expansion of arable cultivation at the expense of pastures and wastes reduced the animal population and the supply of manure for all the lands, while some of the lands newly brought under the plough were too poor to secure steady outputs over long periods of time.[1] This view ran counter to the most satisfactory (statistically) direct evidence of yields published so far, that of Lord Beveridge,[2] and was thus contested by some scholars. A sort of stalemate has now been reached and it would seem that the controversy in its present form can only be resolved by new evidence. No such evidence, however, has come forward since 1927, for although most monographs on individual estates published since that date include calculations of yields, these though useful as an indication of the general level of yields are too scrappy to serve as the basis for conclusions as to the changes in productivity.

New evidence, however, *can* be produced. Lord Beveridge's study of yields on the estates of the bishopric of Winchester is confined to only nine manors chosen at random. The fact that this represents but

[1] In a number of lectures, papers and articles; for the latest statement of Professor Postan's position see *The Cambridge Economic History of Europe*, vol. I, new edition (1966), pp. 556–9.

[2] 'The Yield and Price of Corn in the Middle Ages.' Lord Beveridge's conclusion can be summarised as: virtually no change with, if anything, a slight tendency towards improvement.

a small fraction of available material led me to believe that a new appraisal of Winchester evidence, this time *in toto*, would not perhaps come amiss. I am aware, of course, that conclusions based on a much larger sample than that used by Lord Beveridge may not necessarily be more representative of the country at large, but at least they will give us a much truer understanding of what was going on in the area covered by the Winchester estates. Those who are not convinced of the need to have the whole of the Winchester evidence examined may perhaps be swayed by the following comparison of Professor Slicher van Bath's most recent figures for England (mostly Beveridge's) with my own calculations (for the same periods), which illustrates quite clearly how differences in the size of the sample may lead to very different results indeed.

TABLE I *Yields per measure of seed*

	Professor Slicher van Bath		Titow	
	No. of calculations	Average yield	No. of calculations	Average yield
Wheat[a]				
1200–49	39	2·9	411	3·8
1250–99	60	4·2	887	3·8
1300–49	111	3·9	1,555	3·9
	210		2,853	
Barley[b]				
1200–49	41	4·4	417	4·4
1250–99	65	4·9	844	3·5
1300–49	110	4·1	1,436	3·6
	216		2,697	
Oats[c]				
1200–49	42	2·2	438	2·6
1250–99	62	2·4	837	2·3
1300–49	104	2·4	1,476	2·2
	208		2,751	
Mancorn[d]				
1200–49	0	—	86	3·9
1250–99	1	6·0	183	3·1
1300–49	5	4·9	372	2·9
	6		641	

[a] B. H. Slicher van Bath, 'De oogstopbrengsten van verschillende gewassen voornamelijk granen', p. 97, table 2*a*.

[b] *Ibid.* p. 100, table 2*c*.

[c] *Ibid.* p. 101, table 2*d*.

[d] *Ibid.* p. 104, table 2*i*.

II

Before discussing the findings of the Winchester evidence examined *in toto* it may be useful, for the benefit of readers unfamiliar with manorial documents, to describe briefly the nature of the evidence and the problems arising out of its peculiarities.

The Winchester estates comprised some forty to fifty manors[1] concentrated mainly in Hampshire but with important outliers in Somerset, Wiltshire, Oxfordshire, Berkshire, Buckinghamshire and Surrey.[2] The area covered by them is thus quite considerable. They also offer considerable variety in terms of size and soil conditions.[3]

The layout of the accounts is uniform throughout for all the manors of the bishopric but minor changes in accounting practices occurred from time to time and so care must be taken not to overlook such inconsistencies. The section of the accounts most relevant to our purpose is the Grange Account in which the official responsible, usually the reeve or a *granatarius*, gave an account, crop by crop, of all the in-coming items followed by all the out-going items. The following extract for the Hampshire manor of Woodhay is a fairly typical example of a grange account in the Winchester account rolls:

[Woodhay 1255][4]

Issue of the Grange	Likewise he renders[5] account for 55 quarters and a half, 2 bushels, of the total issue of the old grain with the increment of the granary. Sold: all, of which three quarters (were) second-grade wheat.

[1] One has to be somewhat vague as to the total number of manors constituting the estates of the bishopric, since some of the manors were composite and were at first accounted for as a single unit but had eventually separate accounts for each of their constituent parts. Thus, for example, the manor of Wargrave was eventually accounted for as four separate units and the manor of Taunton as six separate units. For the purpose of this study I have added all such sub-manors together and I have also excluded manors which were not part of the estate throughout the period covered by this study; this gave me the total of thirty-nine manors (including Esher).

[2] See Appendix A.

[3] Some idea of the relative size of Winchester demesnes can be gained from the total area under seed given in Appendix L. Since different soil conditions are already reflected in the general level of yields and in higher proportion of inferior crops (see Appendix K) I have not deemed it necessary to discuss them further.

[4] Hampshire Record Office, Eccl. Comm. 2/159296. For the Latin text see Appendix O.

[5] This could be extended into 'they render' equally well, but the singular form seems more appropriate.

Winchester yields

This year's wheat	Likewise he renders account for 17 quarters of the total issue of wheat with the increment of the granary. And for 5 quarters, 1 bushel and a half, of wheat (received) as churchscot. And for 63 quarters, by estimate, remaining in stacks. Total: 85 quarters, 1 bushel and a half. Of which, sown over 61 acres and a half, in the field of Wydecumbe and Wodeflode, 15 quarters, 3 bushels and a half, per acre 2 bushels. (Given) as a customary due to 1 hayward, 1 bushel. Sold: 6 quarters and a half, 1 bushel. And 63 quarters, by estimate, remain in stacks.
Beremancorn	Likewise he renders account for 96 quarters, 2 bushels, of the total issue of the grange of beremancorn with the increment of the granary. Of which, sown over 66 acres by the perch, in Wydecumbe and Mancroft, 28 quarters and a half, per acre 3 bushels. Given to 1 servant guarding the pastures and fields of Woodhay and Ashmansworth, 6 quarters and a half. Sold: 61 quarters, 2 bushels.
Barley	Likewise he renders account for 42 quarters and a half of the total issue of the grange of barley with the increment of the granary. Of which, sown over 24 acres by the perch, in Medelfeld, 8 quarters and a half, 3 bushels, that is, per acre 3 bushels. Given to 4 ploughmen,[1] 20 quarters and a half. Sold: 8 quarters.
Oats	Likewise he renders account for 115 quarters and a half of the total issue of the grange of oats with the increment of the granary. Of which, sown over 98 acres by the perch, in the field of Medelfeld, 48 quarters and a half, 3 bushels, per acre half a quarter. In provender for 2 cart-horses from the feast of St Hillary until the Finding of the Holy Cross, for 17 weeks, 5 quarters and a half. In provender for 2 plough-horses for the same period, 3 quarters. In sustaining oxen, 10 quarters, by estimate in sheaves. (Given) as a customary due to 1 hayward, 1 bushel. Sold: 48 quarters.
Peas	Likewise he renders account for 1 quarter, 3 bushels

[1] 'Dyers' in the MS; quite clearly an error for ploughmen.

of the total issue of peas. Of which, sown 3 bushels. Sold: 1 quarter.

Vetches — Likewise he renders account for 2 quarters of the total issue of vetches. Sown, 1 quarter. Sold: 1 quarter.

This extract does not, of course, exhaust all the possibilities in so far as the in-coming and out-going entries are concerned, but no single extract can illustrate them all. The following is a schematic presentation of in-coming entries which may be encountered under each crop:

1. Grain remaining from preceding year.
2. Issue of the grange (*exitus grangie*), with, or without, the increment of the granary. The increment was the difference between produce measured in heaped bushels as it entered the granary after threshing, and the total quantity of grain dispensed from the granary measured in struck bushels.[1] Sometimes, as in the early accounts, the issue of the grange was already entered with increment included, or, as in later accounts, it was calculated in struck bushels as well and there was no increment accordingly.
3. Grain received from outside.
4. Grain received from the peasants in various customary dues.
5. Grain bought.
6. An estimate of grain given to manorial servants in sheaves.
7. An estimate of grain given to manorial servants as sown acres.
8. An estimate of grain given to animals in sheaves (usually applicable to oats only).
9. Poor-quality grain separated mechanically from the better quality grain. This is most commonly met with in the case of wheat and the inferior grain (*curallum*) is usually entered in a paragraph on its own, following the main entry: thus, although it may not appear under the main entry at all, it must nevertheless be added to it when calculating total produce.
10. An estimate of grain, if any, remaining unthreshed into the next accounting year. In the earlier accounts this is usually given *after* the out-going entries and must be added to other produce when calculating total produce. In later accounts it is usually given both

[1] This is the traditional definition of the increment. It is valid for the Winchester estates at a later date, but I now believe that in the early part of the century the increment may have been the difference between fully heaped and less-fully heaped bushels.

on the in-coming and the out-going side and care must be taken not to count it twice when calculating total produce.

11 *Oneratio*, a quantity of grain in which the accounting officer was amerced to bring the total to an expected figure. This type of entry is nearly non-existent on the Winchester estates before 1350 but almost constant thereafter when it can be very substantial indeed.

It will be seen from the above outline that to calculate total produce in any given year it is not enough to take the *exitus* only[1] (though it may frequently be the largest or the only item on the in-coming side); other entries which are in the nature of produce must be added to it and those which are not, ignored. Thus items (2), (6), (7), (8) and (9) must be added together to obtain total produce and particular care must be taken not to overlook *curallum* and any corn left unthreshed if not already included on the in-coming side.

Three other points must be made in this context. Total produce calculated from manorial accounts is total produce *less* tithe which was normally collected in the fields; on one or two occasions when it was deducted after the grain had reached the granary I have subtracted it from the total for consistency's sake. Secondly, in the first half of the thirteenth century it was a not uncommon practice on the Winchester estates to sell the corn, partly or wholly, *in grosso*, that is, before it was threshed. When this happened, no calculations of total produce are possible and such years have to be disregarded, but the grange accounts sometimes forget to mention partial sales *in grosso* thus giving the impression that the account records the whole of the produce; checking against the sales of grain in the income part of the account brings such omissions to light and should be carried out as a precautionary measure. Finally, a practical problem arises in connection with estimated quantities of grain remaining unthreshed into the next year. Is one to count them at the estimated value, i.e. as given in the current account, or at the exact value as given in the following account? The quantities entered in the following account are usually somewhat lower than the previous year's estimate; this is probably due to the more exact nature of the measurement, but it could also be due (as it is on rare occasions explicitly stated to be) to loss and deterioration of grain which had lain in stacks for a long time. Since the former possibility seems more likely

[1] This is a trap into which Professor Gras has fallen when calculating yields for his appendix I. See N. S. B. Gras, *The Evolution of the English Corn Market* (1916).

than the latter I have counted unthreshed corn at the measured value as given in the following account; when such accounts are missing one is forced to use the estimated value despite its explicit inexactness.

On the out-going side of the grange account only two items are of interest to us in this context: the quantity of grain sown and the number of acres over which it was sown. It is over the latter that we again encounter a serious problem. The Winchester accounts, though they do not always make it explicit, use two different acres: the measured acre and the customary acre.[1] Up to 1232, and occasionally after that date, acres in the grange accounts are unqualified but it appears on examination that they must have been in fact customary acres on practically all the manors. In 1232 all manors of the bishopric went over to recording their acreages in the grange account in measured acres, but a number of them reverted to the old practice subsequently and continued in it until 1320. On most Winchester manors the customary acre was roughly half the measured acre but on a few manors the disproportion was much greater. Since, however, it is impossible to convert customary acres into their measured equivalents with any degree of exactitude, calculation of yields per acre should be, in my view, restricted to years in which measured acres are used. Observance of this restriction limits considerably the number of years for which calculation of yields per acre can be made and this is the main reason why this study is made primarily in terms of yields per seed. An additional reason is that the medieval administrators of the Winchester estates themselves seem to have thought in terms of yields per seed rather than per acre; whenever they made calculations of yields on the margins of grange accounts, as they did frequently in the late thirteenth and early fourteenth centuries, these were invariably multiples of seed.

III

To detect changes in productivity one needs a series of figures, and to this end I have divided the period 1209–1349 into four shorter ones: 1209 to 1270, 1271 to 1299, 1300 to 1324, and 1325 to 1349. The choice of the first period may seem unorthodox but I see no point in accepting the conventional division into quarter-centuries. Such a division is purely mechanical; what is needed here is a division not into periods of

[1] *Acra mensurata per perticam*, or, more usually, simply *acra per perticam*, and *acra sicut jacet*. See Appendix Q.

equal numbers of years but into periods with roughly equal numbers of years *for which calculations can be made*. Because of the many gaps in the documents in the early thirteenth century the conventional division into quarter-centuries would not be suitable. The selection of the period 1209 to 1270 as the first one has also this additional advantage that it coincides almost exactly with the period of expansion of the Winchester estates as a whole.[1] If, therefore, early thirteenth-century ploughing up of grasslands did in fact – as has been claimed[2] – lead to an eventual fall in productivity of demesne lands, one would expect this to be reflected in the yields of the following two periods.

When average yields for these four shorter periods are calculated they provide us with a sequence of four figures which give some indication of change in productivity. I have calculated such averages for each manor for all cereal crops grown regularly (i.e. those grown sporadically have been disregarded): in most cases this means wheat, barley and oats, but on ten manors mancorn, on three manors drage, and on three manors rye, have been added. The averages of individual crops for each period have been averaged arithmetically to give a Combined Average Yield, and it is these combined averages that I have used as a criterion of overall change in productivity on individual manors. I have calculated yields *per seed* and *per acre* but since calculations *per seed* give a much fuller series (for reasons which have already been mentioned) they occupy a position of greater prominence in my argument, and my classification of manors into those with lower, and those with improved productivity is based on them.

In so far as the description of change is concerned I have used the position in my first period (1209 to 1270) as a yardstick with which to measure change. Whenever, for at least two consecutive periods after 1270, yields were poorer than in the first period I have considered this

[1] The period of the greatest expansion of the Winchester demesne, as a whole, was 1221 to 1269 when the total area under seed in any given year stood at anything between 12,500 and 14,000 acres. The highest peak within this period fell between 1227 and 1237 when the area under seed stood at between 13,500 and 14,000 acres. In the years 1245 to 1269 the area under seed stood at between 12,500 and 13,400 acres. The year 1269 was the last year when it just topped the 13,000 mark. Afterwards it declined steadily; it was below 11,000 acres from 1284 onwards, below 10,000 acres from 1310, and below 9,000 acres after 1321. (All these totals are approximate since they include conversions from customary acres and allowances for missing or damaged manors.)

[2] M. M. Postan, *Cambridge Economic History of Europe*, vol. 1, pp. 556–9.

to be the case of deterioration; whenever they were higher, I have considered it to be the case of improved productivity.

It has been suggested to me that averages weighted by acreage are preferable to simple arithmetical averages when calculating changes in overall productivity. This view does not, however, seem to me valid. If one were after the changes in total production, then changes in relative importance of various crops would be a relevant factor, but it is not a relevant factor in so far as productivity as such is concerned. With weighted averages, calculated on an annual basis, every change in relative acreages *automatically* affects the results *whether any change in productivity had taken place or not.* Anybody can verify the validity of this statement by a simple calculation. Let us postulate a field sown with a high-yielding crop (let's say wheat) and a low-yielding crop (let's say oats). Let us further postulate that the productivity of that piece of land over two consecutive years remained constant but the ratio of the two crops to each other was changed. On the assumption of constant productivity the yield per measure of seed of each crop will remain the same in both years. The overall productivity calculated as a straightforward arithmetical average will also be the same, but the overall productivity calculated as a weighted average will show considerable change up or down (according to which crop predominated) which we know by definition not to have taken place.

The suggestion that weighted averages should be used to evaluate changes in overall productivity must, therefore, be rejected as leading to a distortion of the results so obtained; however, in so far as it represents uneasiness over certain aspects of the use of unweighted averages, it should not be dismissed out of hand. It must be conceded that the use of unweighted averages may also be misleading. Productivities of individual crops frequently change in the opposite direction; productivity of one crop may go up while that of another may go down. When, to evaluate overall change, a simple average of period averages of individual crops is calculated, it is arithmetically possible for the resultant figure to show change in the direction followed by one crop only, and if the area under that crop constituted but a fraction of the total area under seed it would be wrong to describe overall change in terms of the change in the quantitatively least representative element. For example, it is not uncommon on the Winchester estates to find an improvement in the yield of wheat and a deterioration in that of barley and oats. The combined area under barley and oats could easily be greater than that under wheat forcing us to conclude, in such a case, that improved yields could only be obtained over a small fraction of the total arable, yet it is mathematically possible for the unweighted combined averages, in such a case, to indicate an overall improvement.

To overcome this difficulty I have calculated average acreage under each crop for each period and, in the case of divergent trends in yield figures of individual crops, I have, by combining the acreages of the crops moving in one direction and comparing them with the combined acreage of the crops moving in the opposite direction, obtained a rough-and-ready touchstone of the dominant tendency. This method of using unweighted combined yield averages, checked against the tendencies of individual crops, and considered in the light of the relative importance of crops displaying divergent tendencies, seems to me to offer the best way to determine the dominant trend. It has two advantages over the use of weighted averages: the productivity of each crop is measured in terms of its own performance, and the relative importance (in terms of their respective acreages) of crops displaying divergent tendencies is neither ignored nor introduced into the calculation of yields as a distorting element.

IV

So much for the method; what are the findings of the more complete investigation of the Winchester yields? Firstly, the general level of productivity of all crops appears to have been very low by any standards, but particularly so by comparison with modern yields.[1] Secondly, when changes in productivity are considered, deterioration in yields is found to be far more common than improvement. Thirdly, a striking difference between the behaviour of wheat and that of other crops is disclosed.

Table 2 brings out quite clearly the low general level of yields prevailing on the Winchester estates.

The low level of yields generally can also be illustrated in terms of manorial averages, as in Table 3.

[1] I have attempted a comparison between medieval and modern yields in Appendix P, but it must be stressed that this comparison is offered as *a very rough guide only*, since the modern estimates have not been adjusted for possible differences in seed rates and since modern averages are far more representative of their respective areas than are my medieval ones.

TABLE 2*a* *Gross yields per seed, 1209–1349: number of calculations falling into each category as a percentage of the total*

	× seed										
	0 to 0·99	1 to 1·99	2 to 2·99	3 to 3·99	4 to 4·99	5 to 5·99	6 to 6·99	7 to 7·99	8 to 8·99	9 to 9·99	10 or more
Wheat[a]	0·14	5·4	21·8	31·7	22·9	11·0	4·5	1·6	0·7	0·14	0·12
Mancorn[b]	3·4	13·7	37·3	26·6	10·2	3·7	2·3	0·3	0·7	—	0·18
Rye[c]	—	3·0	10·3	30·5	28·6	14·8	7·9	3·4	1·0	—	0·5
Barley[d]	0·3	5·5	24·4	33·4	21·4	9·1	4·0	1·1	0·3	0·3	0·14
Drage[e]	0·8	11·8	33·9	31·1	16·9	3·5	2·0	—	—	—	—
Oats[f]	1·8	33·6	49·7	12·1	2·1	0·5	0·2	—	0·04	0·04	—

[a] 100% = 2,855 calculations. [b] 100% = 707 calculations. [c] 100% = 203 calculations.
[d] 100% = 2,697 calculations. [e] 100% = 254 calculations. [f] 100% = 2,751 calculations.

TABLE 2*b* *Gross yields per acre (in bushels), 1209–1349; number of calculations falling into each category as a percentage of the total*

	0 to 7·9	8 to 11·9	12 to 15·9	16 to 19·9	20 to 23·9	24 to 27·9	28 to 31·9	32 to 35·9	36 to 39·9	40 to 43·9	44 to 47·9	48 or more
Wheat[a]	35·0	44·6	16·1	3·6	0·4	0·2	—	0·05	—	—	—	—
Barley[b]	7·3	25·1	31·9	20·4	8·4	4·2	1·2	1·0	0·1	0·2	0·05	0·05
Oats[c]	25·9	44·1	21·6	6·7	1·2	0·3	0·2	0·05	—	—	—	—

[a] 100% = 2,199 calculations.
[b] 100% = 2,072 calculations.
[c] 100% = 2,156 calculations.

TABLE 3 *Number of manors with the period average 1209–1349 falling into each category*

	× seed						Per acre (in bushels)					
	0 to 0·99	1 to 1·99	2 to 2·99	3 to 3·99	4 to 4·99	5 to 5·99	0 to 7·9	8 to 11·9	12 to 15·9	16 to 19·9	20 to 23·9	24 to 27·9
Wheat	0	0	3	23	11	3	5	32	4	0	0	0
Mancorn	0	0	6	3	1	0	0	9	0	1	0	0
Barley	0	0	3	26	8	4	0	6	24	7	1	2
Oats	0	5	33	3	0	0	1	33	5	2	0	0

Or, taking the period average for 1209–1349, no manor of the Winchester estates had a higher, or lower, average than those shown in Table 4.

TABLE 4 *Highest and lowest yields in terms of manorial averages for the whole period 1209–1349*

	Highest[a]	Lowest	Highest	Lowest[a]
	Per seed (× seed)		Per acre (in bushels)	
Wheat	5·34(71)	2·61(73)	13·8(55)	5·8(20), or 7·0(64)[b]
Mancorn	4·42(69)	2·51(77)	16·8(37)	8·3(52)
Barley	5·55(69)	2·79(75)	27·6(52)	11·0(60)
Oats	3·40(70)	1·79(51)	16·0(50)	7·5(47), or 8·3 (66)[b]

[a] In brackets number of calculations going into each average.
[b] The lowest figure with a fuller run of calculations.

In so far as changes in overall productivity per seed are concerned[1] an examination of combined period averages shows a deterioration on twenty-seven manors[2] and an improvement on seven.[3] The position on the remaining five manors is somewhat indeterminate; comparisons with the first period cannot be made for Esher and East Meon Church, and Wield, Fonthill and Rimpton do not seem to display any definite trends.[4]

To say that there was a deterioration on most manors does not, of course, mean that there was necessarily a *progressive* worsening in productivity, though this was indeed the case on seven manors.[5] The most usual pattern was for the yields to reach their lowest level in the last quarter of the thirteenth century and then to improve gradually,

[1] The summary in this section is based on the data presented in Appendix K.

[2] Fareham, Bitterne, Waltham, Twyford, Stoke, East Meon, Hambledon, Beauworth, Cheriton, Crawley, Mardon, Farnham, Burghclere, High Clere, Ecchinswell, Ashmansworth, Woodhay, Overton, North Waltham, Harwell, Morton, West Wycombe, Wargrave, Adderbury, Witney and Taunton. To these one should add Downton, for although its average for the third period is not lower than that of the first period (thus giving us a run of at least two lower figures to qualify, in terms of our initial definition, for a clear-cut case of an overall deterioration) in terms of acreages, deterioration in the third period is more pronounced than improvement.

[3] Alresford, Sutton, Ivinghoe, Bishopstone and Knoyle. To these must be added Bentley and Brightwell, in view of the acreages involved in deterioration and improvements, though they are not such clear-cut instances of improvement in terms of the combined averages.

[4] At Wield and Rimpton the combined averages go up and down again; at Fonthill they go up in the second period and then come down to their original level again. These patterns are reflected, in each case, in acreage figures and it is these latter which make it difficult to accept any of these manors as an instance of improved productivity.

[5] Twyford, Stoke, Beauworth, Mardon, Overton, North Waltham and Witney.

sometimes failing to reach,[1] and sometimes reaching and surpassing,[2] the level of yields in our first period. Yet another group of manors[3] shows a progressive decline in productivity right up to the second quarter of the fourteenth century followed by an improvement in that quarter.

When period averages of individual crops, rather than the combined averages, are considered, the following results emerge. Of the twenty-seven manors whose combined averages show a lowering of productivity, fourteen manors[4] show a deterioration in all the crops, eleven manors[5] show an improvement in wheat and a deterioration in the remaining crops, one manor[6] shows a rise in wheat, fluctuations in rye and a deterioration in drage and oats, and one manor[7] shows a deterioration in wheat and barley and an improvement in oats. On the seven manors whose combined averages show improved productivity there is less regularity in the behaviour of individual crops. Sutton shows an improvement in all the crops. Knoyle and Brightwell have a deterioration in one crop (oats and rye respectively) and an improvement in all the remaining ones. Alresford and Bishopstone show fluctuations in one crop (barley and oats respectively) and an improvement in the remaining crops. Ivinghoe has an improvement in wheat, no changes in oats, and a deterioration in barley. Bentley has an improvement in wheat and a decline in barley and oats.

Thus, it is quite clear that, on the whole, wheat was doing much better than other crops, as Table 5 helps to bring out.

The better performance of wheat is also seen quite clearly when annual average yields for the estates as a whole are plotted;[8] those of wheat are seen to fluctuate around a fairly stable secular trend, those of barley and oats around a markedly downward trend.

[1] Fareham, East Meon, Morton, Wargrave, Adderbury and Taunton.

[2] Bitterne, Hambledon, Cheriton, Harwell and Downton.

[3] Waltham, Crawley, Farnham, Burghclere, High Clere, Ecchinswell, Ashmansworth, Woodhay and West Wycombe.

[4] Twyford, East Meon, Crawley, Mardon, Farnham, Burghclere, High Clere, Ecchinswell, Woodhay, Harwell, Morton, West Wycombe, Wargrave and Ashmansworth.

[5] Fareham, Bitterne, Waltham, Stoke, Hambledon, Cheriton, Overton, North Waltham, Witney, Taunton and Downton.

[6] Adderbury.

[7] Beauworth, but the improvement in oats was only in yields per seed; there was a definite decline per acre.

[8] See Appendix N.

TABLE 5 *Number of instances in which the following yield patterns occur (yields per seed)*

	Wheat	Mancorn	Barley	Oats
Falling throughout	2	0	2	4
Falling; recovery in 4th period	7	6	10	9
1st and 2nd periods higher than 3rd and 4th[a]	3	2	0	1
Lowest in 2nd period; continual recovery afterwards	3	2	11	7
Fluctuating: worse on the whole	0	0	7	6
Total deteriorating	15	10	30	27
Rising throughout	3	0	0	2[b]
Rising; fall in 4th period	6	0	1	1
1st and 2nd periods lower than 3rd and 4th[c]	6	0	3	2
Highest in 2nd period; continual decline afterwards[d]	4	0	2	1
About steady	1	0	0	0
Fluctuating: better on the whole	2	0	1	3
Total improving	22	0	7	9

[a] High–highest–low–lowest, or high–highest–lowest–low.
[b] One of these is Morton whose oats figures are somewhat dubious and should probably be ignored.
[c] Low–lowest–high–highest, or low–lowest–highest–high.
[d] Low–highest–high–lowest, or lowest–highest–high–low.

V

In so far as the calculation of yields per acre is concerned, the main difficulty is that the Winchester account rolls express acreages in two different measurements, the standard measured acre (*acra per perticam*, *acra mensurata*) and the customary acre (*acra sicut jacet*).[1] Since no *exact* conversion of the customary acres to standard acres is possible, yields per acre should, in my view, be calculated only for the periods in which all acreages are expressed in standard acres; this greatly reduces the number of possible calculations for a large number of manors. The Winchester manors thus fall into four groups:

1 On six manors standard acres seem to have been used throughout the period 1209–1349. These are: Taunton, Rimpton, Downton, West Wycombe, Morton and Ivinghoe.

2 On ten manors standard acres were used throughout the period

[1] See Appendix Q.

1232–1349. These are: Wargrave, Farnham, Bentley, Wield, Sutton, Cheriton, Beauworth, Alresford, Hambledon and Esher.

3 On fourteen manors calculations are possible for my first (but only from 1232), second, and fourth periods; acreages in my third period are entirely, or almost entirely, expressed in customary acres. These are: East Meon, Overton, North Waltham, Brightwell, Harwell, Adderbury, Witney, Bishopstone, Knoyle, Fonthill, Fareham, Bitterne, Waltham and Mardon.

4 On eight manors calculations are only possible for my first (but only from 1232) and my fourth periods, the acreages in the other two periods being entirely, or almost entirely, expressed in customary acres. These are: Twyford, Stoke, Crawley, Burghclere, High Clere, Ecchinswell, Ashmansworth and Woodhay.

Since no adequate comparisons of changes can be made in the case of the manors of the last two categories I shall not concern myself with them beyond pointing out that, in their case, the average yields per acre are usually lower in the second and the fourth periods than in the first period. Table 6 illustrates the point.

The remaining fifteen manors (that is, disregarding Esher for which no calculations are possible before 1245) deserve a more careful examination. Although for the ten manors of the second group yields per acre can only be calculated from 1232 onwards, this represents a loss of only six years for which calculations are possible, as compared with a full series, and so they should be added, I think, to the manors of the first group as still offering a reasonable number of calculations in the first period thus making comparisons between period averages possible.

When their combined averages per acre are examined eleven manors[1] are found to be cases of deterioration, one[2] of improvement and three[3] of somewhat indeterminate fluctuations. Of the eleven manors whose combined averages show a deterioration in yields per acre, two[4] are of the failing-throughout variety, five[5] show some recovery in the fourth period, and four[6] have their lowest yield average in the second period

[1] West Wycombe, Beauworth, Ivinghoe, Farnham, Bentley, Cheriton, Hambledon, Wargrave, Rimpton, Taunton and Morton.

[2] Downton.

[3] Sutton, Alresford and Wield.

[4] West Wycombe, Beauworth.

[5] Ivinghoe, Farnham, Bentley, Cheriton, Hambledon.

[6] Wargrave, Rimpton, Taunton, Morton.

TABLE 6 *Yield averages per acre higher or lower than in the period 1209–70*

	Second period (1271–99)					Fourth period (1325–49)				
	Wheat	Mancorn or rye	Barley	Drage	Oats	Wheat	Mancorn or rye	Barley	Drage	Oats
Bitterne	lower	—	lower	—	lower	lower	—	lower	—	lower
Waltham	higher	—	lower	—	lower	higher	—	lower	—	lower
Fareham	lower	—	lower	—	lower	higher	—	lower	—	lower
East Meon	lower	—	higher	—	lower	lower	—	lower	—	lower
Mardon	lower	—	lower	—	lower	lower	—	lower	—	lower
Overton	same	higher	lower	—	lower	lower	same	lower	—	lower
N. Waltham	higher	higher	lower	—	lower	lower	lower	lower	—	lower
Brightwell	lower	lower	lower	lower	?	lower	lower	higher	higher	?
Harwell	higher	—	lower	lower	?	higher	—	higher	higher	?
Witney	higher	—	higher	lower	higher	lower	—	higher	lower	lower
Adderbury	lower	lower	?	?	lower	higher	lower	?	?	higher
Bishopstone	higher	—	lower	—	lower	higher	—	higher	—	higher
Knoyle	higher	—	higher	—	lower	higher	—	higher	—	lower
Fonthill	higher	higher	higher	—	higher	higher	lower	lower	—	lower
Crawley	—	—	—	—	—	lower	—	lower	—	lower
Twyford	—	—	—	—	—	lower	—	lower	—	lower
Stoke	—	—	—	—	—	lower	—	lower	—	lower
Burghclere	—	—	—	—	—	lower	higher	lower	—	lower
High Clere	—	—	—	—	—	higher	lower	higher	—	lower
Ecchinswell	—	—	—	—	—	lower	higher	lower	—	lower
Ashmansworth	—	—	—	—	—	lower	lower	lower	—	lower
Woodhay	—	—	—	—	—	lower	lower	lower	—	lower

and a continual recovery afterwards. Downton, the single manor whose combined averages indicate an improvement, is of the low–lowest–high–highest variety. Of the three manors with the combined averages of the fluctuating type, Sutton is of the highest–low–high–lowest variety, and Alresford and Wield of the high–low–highest–lowest variety. Both Sutton and Alresford show an improvement per seed, so they should perhaps be regarded as instances of an improvement rather than of a deterioration.

When individual crops, rather than the combined averages, are considered, the eleven manors with the combined averages of the deteriorating kind break down as follows. Eight manors[1] show a deterioration in all crops. One manor[2] shows an improvement in wheat and a deterioration in the remaining crops. One manor[3] shows an improvement in oats and a deterioration in the remaining crops. One manor[4] has fluctuations in wheat and barley and a deterioration in oats. Downton, the single manor whose combined averages indicate an overall improvement per acre has an improvement in wheat and barley and a deterioration in oats. Of the three manors with the combined averages of a fluctuating kind, Sutton and Alresford show an improvement in wheat and fluctuations in barley and oats.

Thus it will be noticed that yields per acre behave very much like yields per seed both with regard to their combined averages and to individual crop patterns, except that there is a frequent tendency, on one and the same manor, for yields per acre to behave worse than yields per seed. This is so, for example, on the manors of Farnham, Bentley, Ivinghoe, Cheriton, and Hambledon where, in each case, the combined averages per seed show a gradual improvement after the second period whereas the combined averages per acre show no such improvement until the very last period. Similarly, at Rimpton, the combined averages per seed show an improvement whereas the combined averages per acre remain virtually stable. At Sutton there is an improvement in yields per seed but a deterioration in yields per acre. At Alresford the

[1] Taunton, West Wycombe, Wargrave, Farnham, Bentley, Cheriton, Beauworth and Hambledon.

[2] Ivinghoe.

[3] Morton, but since oats at Morton was a very insignificant crop and since the calculated yields of oats are somewhat dubious for this manor, too much should not be made of the oats pattern.

[4] Rimpton.

yield per acre is almost steady whereas the yield per seed shows a marked improvement. Almost the only exception to this rule is Downton, where the yields per acre show a better performance than yields per seed. Such discrepancies can almost always be explained by the changes in the rates of sowing, for the later preference for somewhat thinner sowing favoured yields per seed rather than yields per acre.[1]

Table 7 summarises changes in the yields per acre of the individual crops on the fifteen manors of the first two groups.

TABLE 7 *Number of instances in which the following yield patterns occur (yields per acre)*

	Wheat	Mancorn	Barley	Oats
Falling throughout	2	0	1[a]	6[a]
Falling; recovery in the 4th period	3	1	3	3
1st and 2nd periods higher than 3rd and 4th	2	0	0	0
Lowest in the 2nd period; continual recovery afterwards	2	1	7	1
Fluctuating: worse on the whole	0	0	0	0
Total deteriorating	9	2	11	10
Rising throughout	0	0	0	0
Rising; fall in the 4th period	2	0	0	0
1st and 2nd periods lower than 3rd and 4th	1	0	1	0
Highest in the 2nd period; continual decline afterwards	1	0	0	0
Fluctuating: better on the whole	1	0	1	1
Total improving	5	0	2	1
Fluctuating: indeterminate	1	0	2	3

[a] In one case the improvement in the third period is so slight as to make it legitimate to look upon this as a case of progressive deterioration.

VI

If my interpretation of the yield patterns is valid then two developments, above all, stand out clearly: a general deterioration in productivity seems to have occurred towards the end of the thirteenth century and it was followed in many cases by a recovery during the first half of the fourteenth century. This poses an important problem of determining to what extent the changes shown by our figures indicate real loss or increase of productivity and to what extent such gain or loss is

[1] See below, pp. 21–4.

fictitious. The problem is really a twofold one: to what extent the deterioration evident after 1270 is real (i.e. to what extent the high yields of my first period and the very much lower yields of the subsequent period, or periods, are to be explained by changes in the rates of sowing rather than a real change in productivity), and to what extent the gradual recovery evident on so many manors in the first half of the fourteenth century is fictitious (i.e. due to changes in the rates of sowing). From the point of view of my whole argument the first question is obviously the much more important one.

Before, however, an answer to this question is attempted some indication of the general behaviour of the rates of sowing must be given. Broadly speaking, the early part of the thirteenth century seems to have been a period of experimentation, for the rates of sowing fluctuate considerably and change more frequently than later on. In this period they are, as a rule, not stated in the documents and have to be calculated. After about 1250 the rates of sowing are practically always given[1] and they tend to remain stable over long stretches of time. Because the rates of sowing during the first half of the thirteenth century fluctuate greatly and change frequently, and because the period 1209–32 is one when acreages on most manors are expressed in customary acres, it is not always easy to be certain whether the rates of sowing during my first period were, on the whole, higher or lower than in my second period. There are, however, some manors on which the general level of the rates of sowing during my first period was clearly higher or lower than in the following period and to these manors I shall pay special attention. Appendix B gives a general outline of changes in the rates of sowing. The first column gives a *calculated average* of all the available rates of sowing over the period 1209–70 but only for the years in which acreages are expressed in standard acres. This means in practice that, with the exception of Twyford, Morton, West Wycombe, Ivinghoe, Downton, Taunton, and Rimpton, the average rate of sowing is calculated for the period 1232–70. The rates of sowing in the period 1209–32 seem to have been even higher. The remaining columns give *typical* rates of sowing for the period as given in the documents in round figures; two figures are given whenever a change in the rate of sowing occurred in mid-period.

[1] They are always given in round figures and I have made no attempt to recalculate them more exactly.

Winchester yields

If changes in the rates of sowing were the main determinant behind the yield patterns depicted above, one would expect manors with a lower rate of sowing in the second period to have better yields per seed in that period, and manors with a higher rate of sowing in the second period to have poorer yields per seed in that period since thinner sowing should result in better returns per seed and thicker sowing in poorer returns per seed. The former could also be expected to have poorer yields per acre in the second period and the latter higher yields per acre in the second period, since thinner sowing gives poorer returns per acre than thicker sowing. When manors on which the rate of sowing is clearly (about 0·5 or greater difference) higher or lower in the first period than in the second period are examined, the changes in the yields in almost every case are found to have been real changes, that is with yields per seed or yields per acre, or both, rising or falling *in spite of* the change in the rate of sowing.

There are sixteen instances (counting crops not manors), restricted almost entirely to oats, in which the rates of sowing in the first period are noticeably higher than in the second period and in which one would therefore expect the yields per seed to have been higher in the second period. They are as follows: wheat at Hambledon and Adderbury, barley at Downton and Rimpton, and oats at Bitterne, Alresford, Beauworth, Sutton, Mardon, Farnham, Overton, North Waltham, Wargrave, Knoyle, Taunton and Rimpton. Out of these sixteen instances only in three[1] do the actual yields per seed in the second period show the expected change, and since in all these three cases both yields per seed and yields per acre agree with the changes in the rate of sowing, the improvement in the yields per seed could be fictitious. In all the remaining instances yields per seed deteriorated in spite of the lowering of the rates of sowing thus showing that the deterioration must have been real.

There are also fourteen instances (counting crops not manors) in which the rates of sowing in the first period were noticeably lower than in the second period and when therefore one would expect the yields per seed to have been lower in the second period. They are as follows: wheat at Waltham, Harwell, North Waltham and Ivinghoe, barley at Waltham, East Meon, Ivinghoe, Wargrave and Alresford, and oats at Waltham, Morton, West Wycombe, Witney and Fonthill. Out of these

[1] Hambledon: wheat; Beauworth: oats; and Rimpton: barley.

fourteen instances only in four[1] are the actual yields per seed found to have moved in the direction contrary to that of the changes in the rates of sowing, thus indicating a real improvement in productivity. Of the remaining ten instances however, in six instances, though the yields per seed moved in the expected direction, the yields per acre were also lower, thus showing that the deterioration was real,[2] and in four instances the change, both in the yields per seed and yields per acre, was consistent with the change in the rates of sowing,[3] so it could mean that the deterioration in the yields per seed in these cases was fictitious.

On the remaining manors, i.e. the manors on which the rates of sowing in the first period seem to have been about the same as in the second period,[4] out of fifty-five instances (counting crops not manors) there was a lowering in the yields per seed in forty instances, no change in one instance, and an improvement in fourteen instances restricted, with one exception, to wheat.

It is thus quite clear that changes in the rates of sowing were not a significant determinant behind the changes in the yields in the thirteenth century. The question still remains to be answered how far such changes in the rates of sowing must be held responsible for subsequent improvements.

There is no denying that there was a considerable amount of recovery in the fourteenth century. Since, however, from about 1260 onwards the tendency for the rates of sowing was to remain stable or to decrease, this improvement in the yields per seed could be partly accounted for by changes in the rates of sowing. The following are the only instances of an increase in the rates of sowing, in the last period as compared with the nearest preceding period for which information is available: wheat at Adderbury, barley at Brightwell, Harwell, Fareham and Bishopstone, oats at Bitterne and Mardon, and mancorn at North Waltham, Ashmansworth, Ecchinswell, Woodhay and Burghclere. In all these instances, except four,[5] the yields per seed in the last period

[1] Wheat at Waltham, wheat at Ivinghoe, oats at Morton and oats at Fonthill.

[2] This was so at Waltham: barley and oats; at West Wycombe: oats; at Ivinghoe: barley; at Wargrave: barley; and at Alresford: barley.

[3] This was so at East Meon: barley; at North Waltham: wheat; at Harwell: wheat; and at Witney: oats.

[4] This disregards a very strong probability that rates of sowing over the period 1209–32 were higher than later on.

[5] Barley at Fareham, oats at Mardon, mancorn at North Waltham and mancorn at Ashmansworth.

were higher than in the preceding periods thus showing that the improvement was real. In the case of the remaining manors, whose rates of sowing in the last period were lower than previously, inability to calculate the yields per acre for the period 1300–24 for most manors makes it impossible to be certain how many instances of fourteenth-century recovery on these manors represent real increase in productivity rather than a fictitious one. But even if the improvement was real in every case our figures of yields per seed would exaggerate the magnitude of such improvements.

VII

If the conclusion that changes in productivity between our periods, especially the early deterioration, were real rather than fictitious is valid, is it possible to come to any decision as to what lay behind these changes, particularly to what extent they reflect real changes in fertility of land?

Among the factors which could be responsible for the fluctuating returns on the Winchester demesnes, some are external and some internal to agriculture. Of the former the most important one is climatic change. It is unfortunately quite impossible to isolate, and even more so to quantify, the effect of changing weather conditions on the level of productivity. Since such references to weather as one finds in the account rolls[1] are incidental to the main purpose of these documents, and purely descriptive in form, reliance on the frequency and the gravity of the explicit statements about the weather does not offer adequate guidance in this respect. On the other hand, reliance on yield calculations for the same purpose can easily lead into the error of a circular argument whereby years of good and bad weather are defined, and severity of the conditions measured, in terms of yield calculations and the information so obtained is then used to explain the yields themselves. If it can be accepted that individual years whose yields fall well below, or well above, the average yield for the period do represent unusual weather conditions, then it would appear on examination that all our four periods had their share of exceptionally good or bad years, and the case for a progressive climatic deterioration is very hard to support.

Of the changes internal to agriculture, the most important in terms

[1] See J. Titow, 'Evidence of Weather in the Account Rolls of the Bishopric of Winchester 1209–1350', *Economic History Review*, 2nd series, XII (1960), 362.

of their effects on our yield calculations, are changes in the area under cultivation. This is so because of our inability to calculate yields other than for the totality of the area under seed at any given time; changes in the composition of that area in the course of time would result in improved, or worse, returns whenever more fertile lands were added to it or less fertile lands discarded. Such changes in the composition of the demesne arable would result in real gains or losses in terms of productivity but they would be quite independent of any real changes in fertility which may, or may not, have taken place at the same time. By tabulating instances in which yields moved in the expected, or the contrary, direction to that suggested by changes in the area under cultivation, one can get some indication as to which changes in productivity seem to represent changes in fertility and which could merely be due to changes in the composition of the area over which they were measured.

The state of our documents does not allow us to attempt an estimate of the extent to which the early thirteenth-century colonisation contributed to the higher level of yields prevailing on most Winchester manors in our first period. It is, however, possible to investigate the effect of the subsequent changes in the area under cultivation on the productivity in our second, third, and fourth periods.

Practically all the changes after 1270 are instances of contraction of the demesne but, occasionally, the demesne arable was expanded. It seems logical to assume that the demesne contracted by shedding its less fertile, rather than its more fertile, portions. If this assumption is valid then it follows that no amount of contraction should affect yields adversely, that any contraction of the area under cultivation accompanied by falling yields must *under-record* the extent of the actual deterioration, and that all instances of significant[1] contraction should result in improved yields. The degree of the improvement present will vary according to how uniform the quality of demesne arable was; if the various component parts of the demesne were of relatively uniform quality even a large contraction of the area under cultivation would have little effect on yields; if they differed widely in quality the effect of contraction on yields would be very much more pronounced.

[1] Percentage changes in the area under cultivation, as given in Appendix M, sometimes distort the true significance of the change and in doubtful cases the figures should be checked against acreages given in Appendix L.

This creates a minor problem, for instances in which considerable contraction of the demesne was accompanied by seemingly disproportionately small improvement in yields could indicate either a demesne of a very uniform quality, or a certain amount of *concealed* deterioration in fertility. If the former was the case, the change in yields could be explained merely in terms of contraction in the area under cultivation; if the latter was the case, it would indicate a real change in fertility. In Tables 8, 9 and 10 I have entered all such instances as instances of expected behaviour, but it is very likely that at least four of them were instances of concealed deterioration in fertility.[1]

Instances of expanded demesne present a special difficulty, for it is not equally clear what are the valid assumptions to make. One should perhaps distinguish here between instances of late thirteenth-century and early fourteenth-century expansion. The former was probably still due to the taking in of virgin land; the latter seems to have involved lands previously abandoned and taken back into cultivation after a long rest. In both cases one would expect such lands to give better returns initially; on the other hand, one would expect land taken in towards the end of the thirteenth century to be of a very marginal quality, and the same would probably be also true of the early fourteenth-century additions. Whether this initial advantage would be sufficient to outweigh the possible inferior quality of the land in question is impossible to say without knowing much more about the way in which such additions to the arable were effected. In the following tabulations I have, therefore, made no assumptions as to what should be taken as the expected consequence of expanding area under seed and have

[1] This was the position at Sutton in our second period, at Brightwell, Knoyle and Twyford in the third period, and at Downton, Taunton, Fareham and Waltham in the fourth period. Of these, Sutton, Brightwell, Downton and Taunton should perhaps be regarded as behaving in the expected fashion. At Sutton the difference between the average area under seed in the first and the second period was only some twenty-five acres, and Sutton was the manor with the lowest level of yields of all the Winchester manors. Brightwell seems to have been a manor with a compact, rather fertile, demesne so one would probably not expect much improvement even after a substantial contraction of the arable. Downton and Taunton had large demesnes and very considerable contraction in the past, which may have left the remaining portions of the demesne largely uniform in quality by the time of the final reductions. At Knoyle, Fareham, Twyford and Waltham, however, the disproportion between the amount of contraction and the degree of improvement in yields is so striking as to suggest that some deterioration in fertility had taken place there, in spite of the apparently improved yield figures.

marked instances of significant expansion with a question mark. However, whatever the expected effects of the expansion might be, it would seem that the deterioration in yields at Stoke and Adderbury in the second period, and the improvement at Brightwell and Harwell in the fourth period, are so great as to suggest real decline and improvement, respectively, in the fertility of land on those manors.

TABLE 8 *Changes (as expected) as between periods*

	I and II	II and III	III and IV
Fareham	—	improvement	improvement
Bitterne	—	improvement	improvement
Waltham	—	—	improvement
Twyford	—	improvement	—
Stoke	?	improvement	—
East Meon	—	improvement	improvement
Hambledon	—	improvement	improvement
Cheriton	—	no real change ?[a]	improvement
Sutton	improvement[b]	—	—
Crawley	—	—	improvement
Bentley	—	improvement	—
Burghclere	—	—	improvement
High Clere	—	—	improvement
Ashmansworth	—	—	improvement
Woodhay	—	—	improvement
Brightwell	?	improvement	?
Harwell	—	improvement	?
Morton	—	improvement	improvement
West Wycombe	—	—	improvement
Ivinghoe	—	no change	—
Wargrave	—	improvement	improvement
Adderbury	?	improvement	?
Downton	—	—	improvement
Knoyle	improvement	improvement	—
Fonthill	improvement	—	—
Taunton	—	improvement	improvement

[a] There was virtually no change in the area under seed and the slight, and contrary, change in the yields per seed and per acre respectively, seems to be entirely due to changes in the rates of sowing.

[b] The discrepancy between yields per seed and per acre can probably be explained by the incomparability of the two series.

Table 8 gives all the instances in which changes in yields appear to be entirely explicable in terms of changes in the area under cultivation.[1]

Table 9 gives all the instances in which movements of yields clearly

[1] This, and the following summary, are based on data presented in Appendix M.

cannot be explained in terms of changes in the area under seed alone, either because they moved in the opposite direction to that which could be expected, or because the magnitudes of the changes involved were quite disproportionate.

TABLE 9 *Changes (contrary to expectations) as between periods*

	I and II	II and III	III and IV
Fareham	unexpected fall	—	—
Bitterne	unexpected fall	—	—
Waltham	unexpected fall	unexpected fall	—
Twyford	unexpected fall	—	unexpected fall
Stoke	?	—	unexpected fall
East Meon	unexpected fall	—	—
Hambledon	unexpected fall	—	—
Alresford	unexpected fall	improvement too great	unexpected fall
Beauworth	unexpected fall	unexpected fall	unexpected fall
Cheriton	unexpected fall	—	—
Sutton	—	improvement too great	unexpected fall
Wield	unexpected fall	improvement too great	unexpected fall
Crawley	unexpected fall	unexpected fall	—
Mardon	?	unexpected fall	unexpected fall
Bentley	unexpected fall	—	improvement too great
Farnham	unexpected fall	unexpected fall	improvement too great[a]
Burghclere	unexpected fall	unexpected fall	—
High Clere	unexpected fall	unexpected fall	—
Ecchinswell	unexpected fall	unexpected fall	improvement too great
Ashmansworth	unexpected fall	unexpected fall	—
Woodhay	unexpected fall	unexpected fall	—
Overton	unexpected fall	unexpected fall	unexpected fall
N. Waltham	unexpected fall	unexpected fall	no improvement
Brightwell	?	—	?
Harwell	unexpected fall	—	?
Morton	unexpected fall	—	—
West Wycombe	unexpected fall	unexpected fall	—
Ivinghoe	unexpected fall	—	unexpected improvement[b]
Wargrave	unexpected fall	—	—
Adderbury	?	—	?
Witney	unexpected fall	unexpected fall	unexpected fall
Downton	unexpected fall	improvement too great	—
Bishopstone	unexpected fall	improvement too great	unexpected fall
Knoyle	—	—	unexpected fall
Fonthill	—	unexpected fall	no improvement
Taunton	unexpected fall	—	—
Rimpton	?	improvement too great	unexpected fall

[a] The change in the area under seed must be regarded as very insignificant.
[b] The change in the area under seed must be regarded as very insignificant indeed.

The conclusions arising out of these summaries are best presented in a tabulated form (Table 10).

TABLE 10 *Summary of changes in cereal productivity on the Winchester manors*

	II	III	IV	Total
No apparent change in fertility	3	16 (−2?)	16 (−2?)	35 (−4?)
Definite decline in fertility with its true extent under-recorded	29 (+2?)[a]	15	12	56 (+2?)
Concealed deterioration in fertility	0	0 (+2?)[b]	2 (+2?)[b]	2 (+4?)
Definite improvement in fertility	0	6	4 (+2?)[a]	10 (+2?)
Instances of a significant expansion of the demesne (= ?)	5 (−4?)	0	3	8 (−4?)

[a] moved from '?' category.
[b] moved from 'expected improvement' category.

These figures show quite clearly the great extent to which deterioration in fertility is *under-recorded* in our calculations. They also show that only some ten to twelve instances of the fourteenth-century recovery seem to have been instances of real improvement in fertility, as against some thirty to thirty-four which could be explained by the contraction of the arable alone. The deterioration in yields over the last quarter of the thirteenth century, which is clearly the most striking feature of our statistics, is often even more striking when individual crops rather than the combined averages are considered.[1]

VIII

The main purpose of this study has been to examine changes in yields on the Winchester manors and to assess the extent to which such changes have been real or apparent, and if real, how far they represented real changes in fertility of the soil. This purpose has now been accom-

[1] This was the case, to quote but a few examples, with wheat at Wargrave, Ashmansworth and Burghclere; with rye at Brightwell and Taunton; with mancorn at West Wycombe, Ecchinswell and Ashmansworth; with oats at Wargrave and Ashmansworth; and, above all, with barley at West Wycombe, Morton, Wargrave, Woodhay, Ashmansworth, Burghclere, Harwell, Taunton, Downton and Waltham. There was only one case of an outstanding increase in this period—wheat at Fonthill.

plished, but it may not come amiss to end by commenting briefly on some elements in the situation which must have had some effect on productivity even though their respective contributions can neither be isolated nor quantified. Four, particularly, deserve attention: manuring, marling, introduction of new crops, and the adoption of new systems of rotation.

The availability of manure is, of course, the most crucial factor of all. Thirteenth-century landlords themselves seem to have been well aware of it; if they do not seem to have done much about it this was probably due to lack of opportunity rather than of trying. As manure could not, on the whole, be obtained by purchase, the only way to increase its amount, absolutely or relatively, was to increase the number of demesne animals or to reduce the acreage of the demesne arable. The number of animals on the Winchester estates, taken as a whole, had reached its peak by 1260. It would seem that there was a natural ceiling to the level of animal population at any given time and that by the end of the thirteenth century that ceiling had been somewhat lowered by extensive colonisation. But although the absolute number of animals on the Winchester estates was not increasing over the latter part of the thirteenth century the number of animals per acre of the demesne arable frequently was, as the demesne began to contract. Indeed, it may well be that the contraction so evident on so many Winchester manors was undertaken partly with this objective in mind.

The ratio of animals to the area under seed is the only factor in the situation which can be quantified, but it must be remembered that any such calculations will underestimate the total amount of manure available to the landlord since there is no way of evaluating the amount of manure provided by tenants' animals folded on the lord's arable. Comparisons of the average number of animals per hundred acres of the area under seed, as between our four periods,[1] reveal a most unsatisfactory state of affairs throughout with, on the whole, progressive improvement as the demesne began to contract. The supply of manure, as represented by the ratio of animals to the area under seed, was so low throughout as to justify talking in terms of a chronic state of under-manuring and would go a long way towards explaining the low level of productivity generally prevalent on the Winchester manors. One must also not exaggerate the effect on yields of the changes in the

[1] See Appendices L and M.

animal ratio since in no case did the change amount to more than half an animal per acre; nevertheless, on the manors where there was a noticeable change in the animal ratio, it may have been partly responsible for the changes in yields.[1]

The amount of marling carried out would also have had some effect on yields. Unfortunately there is no way of expressing this quantitatively although, in so far as the Winchester estates are concerned, the practice of marling was, on the whole, more in evidence in the thirteenth than in the early fourteenth century. In any case, since marl is only a soil conditioner and not a fertilizer, its use would have done nothing to replenish the fertility of the soil as such.

The effect on yields of the progressively increasing proportion of leguminous crops[2] should also, perhaps, be considered. This cannot be expressed quantitatively but its effect on productivity, like that of marling, should not be exaggerated, for although it represents a significant development its scale was relatively modest. Taking the Winchester estates as a whole, the proportion of leguminous crops to cereals rose only from some 0·97% at the beginning of the century to some 8·26% in 1345. It is true that on a few manors the proportion was very much higher, but in almost every case the really significant increase in that proportion did not occur until the second quarter of the fourteenth century.

Changes from a more intensive rotation to a less intensive one, or vice versa, may have also contributed occasionally to changes in yields. Such changes in crop rotations seem, however, to have been rare on the

[1] For example, virtually all the instances of considerable deterioration in animal ratio correspond to lowered yield averages and may have been partly responsible for them. This was so at Fareham, Bitterne, Stoke, Mardon and Rimpton between our first and second periods; at Farnham and Fonthill between our second and third periods; at Beauworth, Sutton, Wield, Ashmansworth, Bishopstone and Knoyle between our third and fourth periods. Conversely, virtually all the instances of considerable improvement in the animal ratio correspond to improved yield averages and may have been partly responsible for them. This was so at Bitterne, East Meon, Alresford, Cheriton, Sutton, Wield, Hambledon, Downton, Bishopstone and Knoyle between our second and third periods; at Waltham, Cheriton and Downton between our third and fourth periods. On the other hand, one should not exaggerate the influence of such changes in the animal ratio; their secondary importance is well brought out by those instances where substantial improvements in the animal ratio failed to produce expected changes in yields or had a barely perceptible effect on them. This was the case, for instance, at Farnham, Ashmansworth and Bishopstone between our first and second periods; at Twyford, Crawley, Mardon, Ashmansworth, Overton and Witney between our second and third periods; at Fareham and Alresford between our third and fourth periods.

[2] Beans, peas and vetches.

Winchester manors and, although it is not always possible to be entirely sure, the great majority of them seem to have practised the same system throughout the whole period under our consideration. There were, however, a few exceptions to this generalisation,[1] and in these cases changes in the system of rotation may have been partly responsible for the yield patterns as depicted in our figures.

Finally, one should not overlook the hypothesis that there was a strong causal link, in some cases at least, between falling fertility and marginal colonisation. Indeed, such an hypothesis finds strong support in some features of the Winchester evidence. Firstly, it does seem a strange coincidence that the period of the greatest expansion of the Winchester demesne was followed almost immediately by a period of its lowest yields. Secondly, the much greater deterioration in the yields of barley and oats than of wheat happens to be one of the most striking features of the Winchester yield patterns. This is precisely what happened in Rothamsted experiments where it was found that in the case of barley 'the rate of decline was considerably greater than for wheat owing to greater dependence on the surface soil and earlier manifestation of exhaustion'.[2] Lastly, it is perhaps not without significance in this context that the greatest deterioration in yields over the latter part of the thirteenth, and the early part of the fourteenth century occurred on manors which are known to have been colonising extensively in the thirteenth century.[3] Conversely, the manors which were doing so much better in terms of productivity were for the most

[1] Bishopstone is the most outstanding example of this. It also brings out rather well the inadequacy of current terminology. Ostensibly, Bishopstone was on a two-field system to 1290 and on a three-field system thereafter. In fact, the reality was far more complex. Up to 1268 Bishopstone appears to have practised a fairly straightforward two-field system. In 1267, or 1268, a very much more intensive system was introduced, though the documents still talk in terms of two fields only: Westfield and Eastfield. It would seem that a four-course rotation was being operated based on four units corresponding roughly to half a field each, each of which seems to have been cropped for three years in succession and allowed to rest in the fourth year. In 1290, or 1291, this system was abandoned; the two 'documentary' fields were replaced by three: Westfield, Middlefield and Eastfield, and an elaborate though less intensive rotation, based on six units corresponding roughly to half a field each, was introduced. It is conceivable that the improvement in yields visible at Bishopstone at the time had something to do with this return to a less exhaustive rotation.

[2] I. H. Gilbert, *Results of Experiment at Rothamsted on the Growth of Barley*; *Rothamsted Memoirs* VI, p. 5. I am indebted to Professor Postan for this reference.

[3] E.g. Waltham, Downton, Twyford, West Wycombe, Ivinghoe, Wargrave, Witney and the manors of the Clere group: Burghclere, High Clere, Ecchinswell, Ashmansworth and Woodhay.

part relatively small with very little, in so far as can be judged, thirteenth-century colonisation.[1] However, it is equally clear that very considerable deterioration in yields did also occur on large manors which do not seem to have engaged in colonisation to any great extent in the thirteenth century,[2] so over-cultivation is obviously not the sole answer.

[1] E.g. Rimpton, Brightwell, Adderbury, Bentley and Bishopstone.
[2] E.g. Taunton.

APPENDICES

Notes

(1) The magnitude of the task made it impossible to check all figures, once copied, against the original documents but I have re-checked all items which looked suspicious or which on calculation produced suspicious results.

(2) Since the Account Rolls run from Michaelmas to Michaelmas each year of account includes parts of two calendar years; this creates some confusion whenever dates are mentioned. The practice adopted here is to refer to each period covered by an annual account roll by the date of its *closing* Michaelmas. Thus, for example, to say that some event took place in the year 1245 means that it is recorded in the account roll running from Michaelmas 1244 to Michaelmas 1245. In so far as yields are concerned this means that all years quoted are harvest years, i.e. the yield of 1245 is the yield of the harvest gathered in the year 1245. It is worth noting that this is contrary to the practice, adopted by Lord Beveridge in his articles on the Winchester Rolls, of dating events by the *opening* Michaelmas of the account roll; this means that information about an event said by him to have taken place in the year, for example, 1245 comes from the account roll running from Michaelmas 1245 to Michaelmas 1246. Lord Beveridge says that his years are harvest years but this is both erroneous and confusing. For example, the account roll for the fourth year of Peter des Roches which ran from Michaelmas 1208 to Michaelmas 1209 is referred to as the harvest year of 1208.[1] This is incorrect; it is true that this is the account roll in which the *produce* of the harvest of the calendar year 1208 is *recorded* but the actual harvest itself fell within the period covered by the preceding account roll and all the operations, expenditures, etc., connected with it are recorded in the preceding account roll, i.e. that running from Michaelmas 1207 to Michaelmas 1208.

[1] See his catalogue of the Winchester account rolls in the *Economic History Review*, 1st series, II (1929), 94.

(3) Some discrepancies between figures given in my article on the weather[1] and corresponding figures, calculated on the basis of the tables included here, will be found; this is due to the correction of a few errors discovered in the earlier figures after their publication and to the fact that, in a few instances, yields in this study have been calculated on a somewhat different basis. Figures given here are the more exact and should be preferred.

(4) To save space footnotes have been cut down to a minimum. The following rules have been adhered to:

i Whenever yields were calculated from entries which have been damaged in the documents, but which could be reconstructed exactly, no indication of this is given.

ii Whenever one of the figures (produce, seed, acreage) used in calculating yields has been damaged in the documents but could be reconstructed *almost* exactly, yield calculations have been made but the figure given in the tables is preceded by *c*.

iii Total produce often includes considerable quantities of grain which are an estimate (*per estimationem*); such instances have not been indicated.

iv Mistakes made in the documents by the medieval scribe himself have been corrected whenever spotted; such instances have not been indicated.

v Whenever one of the sub-manors of a composite manor is damaged or missing in the documents I have calculated yields for the composite manor without it, but such instances are always indicated.

(5) In calculating the total produce everything which is in the nature of manorial produce has been included. This includes such items as *curallum*, increment of the granary, and corn given away in sheaves to animals, reapers, and manorial servants. Since some of these items began to be recorded only later on in the period, the total produce in the early part of the thirteenth century is likely to be *under-recorded*. Quantities of corn remaining unthreshed at the end of the accounting year have been added to the total produce, whenever applicable, at their threshed value, as given in the following account roll; when there are no consecutive account rolls extant, they have been added at their *estimated* value. Whenever necessary, 'new grain' (*novum granum*) has

[1] 'Evidence of Weather.'

been subtracted when calculating the total produce. The term *novum granum* is at first used synonymously with 'this year's grain' as opposed to 'old grain' (*vetus granum*) which is used synonymously with 'grain remaining from the previous year' (*granum de anno preterito*). Towards the end of our period, however, it acquired a new meaning and was used to denote grain 'poached' from the new harvest gathered in just as the accounting year was closing. Such quantities have to be excluded from the total produce and added to the total produce of the following account roll where they are usually not recorded.

Oneratio super compotum, when relating to productivity, has been excluded throughout when calculating the total produce. It is, however, very rare before 1350.

No allowance has been made for tithes throughout. On the three exceptional occasions when tithes were paid out from the granary instead of being deducted in the fields, they have been subtracted from the total produce before yields were calculated.

(6) Throughout the appendices // = cannot be calculated; – = none present.

(7) The following account rolls, now in the Hampshire Record Office at Winchester, have been used in the preparation of this study; they are given in chronological order: Eccl. Comm. 2/159270,[1] 270A, 271, 272, 273, 274, 275, 276, 277, 278, 279, 280, 281, 282, 283, 284, 285, 287, 288, 289, 457, 290, 447, 291A, 291B, 296, 292, 293, 294, 295, 297, 298, 450A, 450B, 299, 300, 301, 458$\frac{2}{3}$, 302, 303, 304, 305, 309, 306, 307, 308, 310, 311, 312, 313, 286, 314, 315, 316, 317, 318, 319, 448, 320, 408, 321, 322, 323, 324, 325, 458$\frac{1}{2}$, 326, 327, 328, 329, 330, 331, 332, 333, 335, 334, 336, 337, 338, 339, 340, 341, 342, 343, 344, 345, 346, 347, 348, 451, 349, 350, 351, 352, 353, 354, 361, 355, 356, 357, 358, 359, 360.

[1] Since the initial numbers are the same in all cases, only the three significant final numbers are given subsequently. For a descriptive list of the Winchester account rolls see: Sir W. Beveridge, 'The Winchester Rolls and their Dating', *Economic History Review*, 1st series, II (1929), 94. The apparent discrepancy between my dating and Lord Beveridge's dating is due to the fact that he dates by the opening, and I by the closing, Michaelmas.

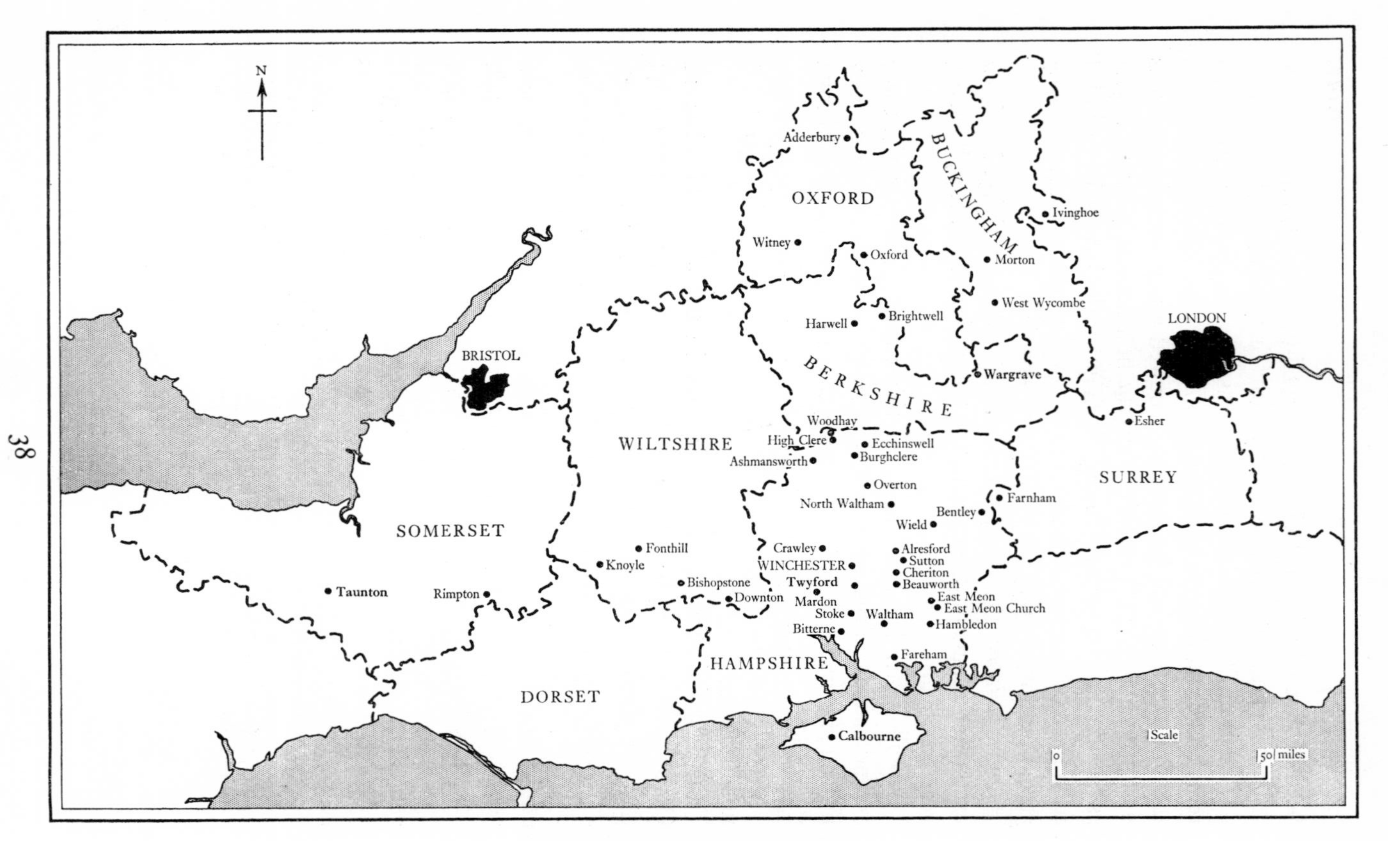

Distribution of the Winchester manors

A Geographical distribution of the Winchester manors mentioned in this study

Berkshire
Harwell
Brightwell
Wargrave with:
  Culham
  Waltham St Lawrence
  Billingbear

Buckinghamshire
Ivinghoe
West Wycombe
Morton

Hampshire
Alresford
Beauworth
Cheriton
Sutton
Wield
Burghclere
High Clere
Ecchinswell
Ashmansworth
Woodhay
Overton
North Waltham
Twyford with Marwell
Stoke (Bishop's Stoke)
Crawley
Mardon
Waltham (Bishop's Waltham)
Bitterne
Fareham
East Meon

Hampshire
East Meon Church
Hambledon
Bentley

Isle of Wight
Calbourne with Brighstone

Oxfordshire
Witney
Adderbury

Somerset
Taunton with:
  Holway
  Poundisford
  Staplegrove
  Nailsbourne
  Kingston
  Corfe
  Otterford
  Hull
  Trendle
Rimpton

Surrey
Farnham with Seal
Esher

Wiltshire
Knoyle
Fonthill
Downton
Bishopstone (Eblesbourne)

B Rates of sowing

Manor and crops		1209–70 Average rate calculated from all instances of sowing over *per perch* acres	1271–99 Typical rate of sowing as given in the documents (in round figures)	1300–24	1325–49
Fareham :	Wheat	2·44	2½	//	2½
	Barley	5·24	5	//	5, 5½
	Oats	5·06	5	//	4
Bitterne :	Wheat	2·81	3	//	2½, 2
	Barley	4·10	4	//	4
	Oats	5·25	4	//	5
Waltham :	Wheat	2·58	3	//	2½
	Barley	4·46	5	//	4
	Oats	4·99	6	//	5, 4
Twyford :	Wheat	2·54	//	//	2½, 2¼
	Barley	3·80	//	//	4
	Oats	4·30	//	//	5, 4
Stoke :	Wheat	2·14	//	//	2¼
	Barley	3·79	//	//	4
	Oats	4·09	//	//	5
East Meon :	Wheat	2·76	3	//	2¼
	Barley	4·91	6	//	4
	Oats	5·89	6	//	4
East Meon Church :	Wheat	2·94	3	//	2¼
	Barley	5·11	6	//	4
	Oats	6·02	6	//	4
Hambledon :	Wheat	2·95	2½	2½	2½
	Barley	5·05	5	5	5
	Oats	5·88	6	5	4
Alresford :	Wheat	2·84	3	2, 2¼	2¼
	Barley	3·95	4, 5	4	4
	Oats	5·45	5	5	4
Beauworth :	Wheat	2·82	3	2½, 2	2¼
	Barley	4·06	4	4	3½, 3
	Oats	4·75	4	4	4
Cheriton :	Wheat	2·79	2⅔	2	2¼
	Barley	3·93	4	4	4
	Oats	4·98	5[a]	4[a]	4
Sutton :	Wheat	2·99	3	2¼	2¼
	Barley	4·06	4	4	3½, 4
	Oats	5·77	4	4	4
Wield :	Wheat	2·77	2½	2¼	2¼
	Barley	3·96	4	4	3½
	Oats	5·21	5	5, 4	4
Crawley :	Wheat	2·11	//	//	2½
	Barley	4·06	//	//	4
	Oats	5·11	//	//	5

[a] 6 between 1297 and 1306.

Manor and crops		1209–70 Average rate calculated from all instances of sowing over *per perch* acres	1271–99	1300–24	1325–49
			Typical rate of sowing as given in the documents (in round figures)		
Mardon:	Wheat	2·52	//	//	2½
	Barley	4·15	4	//	4
	Oats	5·05	4	//	5
Bentley:	Wheat	2·66	2½	2¼	2¼
	Barley	4·16	4½	4½, 4	4
	Oats	5·36	5	4½, 4	4
Farnham:	Wheat	2·75	2½	2¼	2¼
	Barley	4·23	4, 4½	4	4
	Oats	5·42	5	4	4
Burghclere:	Wheat	1·98	//	//	2¼
	Mancorn	3·08	//	//	3, 3½
	Barley	3·50	//	//	3½
	Oats	4·16	//	//	4
High Clere:	Wheat	2·11	//	//	2¼
	Mancorn	3·29	//	//	3
	Barley	3·18	//	//	4
	Oats	3·61	//	//	4
Ecchinswell:	Wheat	2·05	//	//	2¼
	Mancorn	2·94	//	//	3½
	Barley	3·20	//	//	3½
	Oats	4·08	//	//	4
Ashmansworth:	Wheat	2·05	//	//	2¼
	Mancorn	2·73	//	//	3, 3½
	Barley	3·19	//	//	4
	Oats	3·72	//	//	4
Woodhay:	Wheat	2·04	//	//	2¼
	Mancorn	2·88	//	//	3, 3½
	Barley	3·23	//	//	3½
	Oats	4·05	//	//	4
Overton:	Wheat	2·68	2½	//	2¼
	Mancorn	3·03	3	//	3¼
	Barley	3·84	4	//	3½
	Oats	5·79	5	//	4
North Waltham:	Wheat	2·69	3	//	2¼
	Mancorn	3·00	3½, 3	//	3½
	Barley	4·03	4	//	3½
	Oats	5·50	5	//	4
Brightwell:	Wheat	2·95	3	//	2½
	Barley	4·15	4	//	5
	Oats[a]	(5·90)	(5)	//	(2)

[a] Sown very sporadically after 1254 (1232–54 = 5·90, 1290–1300 = 5, 1344–50 = 2).

Appendix B

Manor and crops		1209–70 Average rate calculated from all instances of sowing over *per perch* acres	1271–99	1300–24	1325–49
			Typical rate of sowing as given in the documents (in round figures)		
Harwell:	Wheat	2·62	3	//	2½
	Barley	3·79	4	//	5
	Oats[a]	(4·31)	none sown	none sown	3
Morton:	Wheat	2·95	3	3	2½, 3
	Barley	4·02	4	4	4
	Oats	4·76	6	none sown	4, 6
West Wycombe:	Wheat	3·10	3	3	2½
	Mancorn	3·09	3	3	3
	Barley	3·93	4	4	4
	Oats	5·30	6	5, 4	4
Ivinghoe:	Wheat	2·67	3	2½	2¼
	Barley	3·66	4	4	4
	Oats	5·11	5	4	4
Wargrave:	Wheat	2·77	3	3	3
	Mancorn	2·86	3 (or 3½)	3 (or 3½)	3
	Barley	3·66	4	4	4
	Oats	5·56	5	5	5
Adderbury:	Wheat	3·09	2½	//	3
	Barley	4·53	none sown	none sown	none sown
	Oats	5·03	5	//	5
Witney:	Wheat	2·92	3	//	3, 2½
	Barley	3·84	4	//	4
	Oats	5·26	6	//	4
Downton:	Wheat	2·51	2½	2½	2½
	Barley	3·50	3	4	4
	Oats	4·07	4	4	4
Bishopstone:	Wheat	2·42	2½	//	2½
	Barley	3·14	3	//	4
	Oats	4·02	4	//	4
Knoyle:	Wheat	2·94	3	//	2
	Barley	3·79	4	//	4
	Oats	5·76	4, 6	//	4
Fonthill:	Wheat	2·91	3	//	2½
	Barley	3·95	4	//	4
	Oats	5·50	6[b]	//	4
Taunton:	Wheat	1·91	2–1¾	2	1½
	Barley	3·18	3	3	3
	Oats	4·48	*c.* 3¾	4	4, 3
Rimpton:	Wheat	1·65	1½	1½	1½
	Barley	3·03	2½	sown very sporadically	
	Oats	3·64	3	3	3

[a] Sown very sporadically after 1237 (1232–7 = 4·31) until the 2nd quarter of the fourteenth century.

[b] The rate of 4 introduced towards the very end of this period.

C *Gross yields of wheat per seed*

	1211	1218	1219	1220	1224	1225	1226
Calbourne } Brighstone }	3·54	1·73	2·89	3·22	//	3·52	3·49 2·81
Fareham	3·45	3·17	3·48	3·73	2·76	//	2·93
Bitterne	2·96	0·94	3·95	2·41	2·52	4·58	//
Waltham	4·46	1·75	3·30	2·36	3·86	2·42	2·22
Twyford[a]	2·09	2·69	//	//	3·22	3·20	2·27
Stoke	2·96	5·36	4·71	3·71	3·76	2·86	2·60
East Meon	2·32	2·65	//	//	3·37	3·60	5·22
East Meon Church[h]	//	//	//	//	//	//	//
Hambledon	1·32	2·08	1·48	2·22	3·55	2·51	//
Alresford	2·23	//	//	//	1·97	//	2·51
Beauworth	2·43	3·05	3·14	2·20	2·03	//	//
Cheriton	2·45	2·09	2·09	1·96	1·91	c. 2·39	//
Sutton	1·37	1·88	1·85	1·42	1·83	//	1·01
Wield	1·91	//	//	1·90	2·59	//	3·11
Crawley	4·19	4·17	2·09	3·49	3·05	4·03	2·22
Mardon	2·33	//	//	//	3·45	3·79	3·99
Bentley	4·14	3·06	2·64	3·34	3·26	//	//
Farnham[c]	3·07	2·21	2·84	2·77	//	//	//
Esher	//	//	//	//	//	//	//
Burghclere } High Clere }	4·81	5·90 3·50	// //	// 4·67	5·59 3·80	7·52 //	5·99 2·80
Ecchinswell	4·07	//	//	4·10	3·62	5·49	3·48
Ashmansworth	4·99	3·39	//	6·82	//	//	//
Woodhay[d]	5·85	//	//	//	//	//	//
Overton	1·47	//	//	2·94	2·34	3·71	2·16
North Waltham	[e]	//	3·97	2·63	3·89	c. 5·52	//
Brightwell	3·97	5·65	5·96	//	3·18	5·60	2·37
Harwell	3·11	3·13	3·94	//	2·84	c. 3·64	1·76
Morton	//	2·40	1·72	2·23	2·06	3·21	3·08
West Wycombe	3·36	//	4·57	4·60	3·17	3·29	2·90
Ivinghoe	//	3·29	8·63	4·16	//	2·45	3·43
Wargrave[f]	3·45	//	//	//	//	//	//
Adderbury	3·87	//	//	//	2·17	2·43	2·64
Witney	2·24	//	//	2·98	3·09	3·42	2·45
Downton[g]	3·36	2·76	3·57	3·52	2·56	2·71	1·58
Bishopstone	//	1·60	4·23	3·04	1·81	4·18	1·51
Knoyle	1·72	//	//	3·02	3·37	4·07	2·65
Fonthill	//	//	//	//	//	//	//
Taunton[h]	3·05	3·28	3·34	4·22	3·47	4·26	2·71
Rimpton	4·65	2·51	3·11	2·03	3·22	5·76	//

[a] With Marwell. [h] Produce of the demesne is mixed up with the tithes at first.
[c] With Seal to 1285, without Seal from 1286. [d] With Widehaia Tornes.
[e] The calculated yield is 19·17 but I have excluded this figure as impossible; this is the only instance when I have excluded an available figure.
[f] Combined figures for Wargrave, Waltham St Lawrence and Culham.
[g] With Cowyck.
[h] Combined figures for all the sub-manors. The figures given are corrected for the produce of acres sown with tenants' seed.

Appendix C

	1232	1236	1245	1246	1247	1248	1252
Calbourne	3·59	4·43	3·44	3·21	2·83	4·96	3·30
Brighstone	3·67	4·10	3·02	2·62	2·84	4·25	3·02
Fareham	3·62	3·20	3·27	2·94	3·37	3·47	3·29
Bitterne	4·49	3·87	3·97	3·28	3·42	3·09	1·83
Waltham	//	3·69	3·21	3·50	3·58	3·24	2·48
Twyford	4·63	3·16	3·35	2·57	3·04	4·64	5·38
Stoke	4·00	//	5·92	7·01	3·78	6·83	6·32
East Meon	5·49[a]	7·81[a]	5·81	5·69	4·51	7·77	7·43
East Meon Church	//	//	//	//	//	//	//
Hambledon	5·45	3·24	2·51	2·69	2·96	3·98	2·97
Alresford	3·95	4·35	2·01	1·87	1·54	3·77	3·75
Beauworth	3·68	4·79	3·00	4·43	2·85	5·61	4·75
Cheriton	4·27	4·09	4·05	3·19	3·10	3·59	3·35
Sutton	2·37	2·38	2·12	1·61	2·12	2·12	2·51
Wield	3·95	4·53	2·56	2·66	2·53	3·18	3·19
Crawley	4·73	5·94	4·60	4·15	6·18	3·91	4·37
Mardon	5·00	3·41	4·16	3·65	3·62	4·09	4·58
Bentley	5·02	4·84	3·56	3·95	4·14	4·67	4·50
Farnham	4·60	4·31	2·54	2·81	2·69+	3·27	2·48
Esher	//	//	//	//	//	3·44	1·48
Burghclere	6·88	7·91	5·40	4·97	5·53	8·08	5·55
High Clere	3·50	7·26	3·43	2·93	4·34	5·55	4·49
Ecchinswell	6·98	8·32	6·53	4·42	5·99	7·38	6·51
Ashmansworth	5·71	11·80	8·24	//	//	7·57	//
Woodhay	4·98	7·01	5·23	2·34	4·00	5·20	3·97
Overton	6·03	5·15	4·99	1·58	2·81	3·67	5·30
North Waltham	5·50	5·69	3·88	3·21	4·11	3·59	4·90
Brightwell	4·19	6·20	5·19	3·48	3·34	4·80	3·59
Harwell	4·64	//	7·54	3·91	4·33	5·06	3·82
Morton	//	4·87	5·92	3·40	2·39	4·21	2·65
West Wycombe	4·31	6·57	3·42	2·96	2·56	4·76	2·34
Ivinghoe	4·59	5·69	6·02	3·44	2·76	6·62	6·01
Wargrave	6·15	5·08	6·45	4·23	5·81	6·86	3·92
Adderbury	2·41	//	4·05	2·26	//	3·75	3·40
Witney	3·69	3·75	3·49	2·11	2·53	3·65	2·06
Downton	2·74	2·81	1·74	2·39	2·33	3·48	2·53
Bishopstone	4·52	3·02	1·45	1·31	2·00	2·84	3·83
Knoyle	2·73	3·41	2·21	2·30	2·55	//	2·24
Fonthill	//	4·01	2·85	1·56	2·24	//	2·79
Taunton	4·49	3·87	5·36	5·77	4·49	6·53+	4·39
Rimpton	7·18	8·46	7·03	6·07	5·68	5·02	6·94

[a] I have subtracted tithes before calculating yields.

Gross yields of wheat per seed

1253	1254	1257	1265	1268	1269	1270	1271	1272	1273
2·41	1·78	2·80	3·31	3·58	//	//	4·33	4·71	3·85
2·18	1·94	3·22	2·98	3·46	//	//	2·49	3·74	3·30
2·52	2·06	3·08	3·01	4·56	//	//	2·34	2·89	3·32
4·43	2·61	3·12	2·37	2·52	//	//	2·82	4·47	//
2·73	2·80	2·09	3·53	4·20	//	//	2·48	4·02	3·06
5·73	5·38	2·50	4·37	3·61	//	//	3·92	3·85	3·92
//	//	2·82	4·84	5·62	//	//	5·69	5·07	5·41
7·02	5·68	3·99	3·68	4·58	//	//	4·12	7·08	5·51
//	//	5·76	7·35	3·49	//	//	2·68	5·99	4·06
2·96	2·97	2·66	2·94	3·24	//	//	2·53	5·15	2·96
2·68	2·94	1·84	2·10	4·09	2·33	3·20	2·64	4·99	3·22
4·79	5·14	3·28	5·58	4·06	//	//	3·11	5·27	4·98
2·95	1·47	2·24	2·69	2·52	//	//	2·91	4·09	3·24
1·90	2·46	2·41	3·08	3·02	//	//	1·42	3·74	2·55
//	//	2·62	5·44	3·75	3·52	3·78	2·70	4·77	//
4·47	5·18	5·30	4·83	4·09	//	//	2·55	5·27	4·27
4·48	4·62	3·97	4·20	4·40	//	//	4·27	4·05	3·53
2·88	3·70	3·43	7·17	4·57	//	//	5·74	6·05	5·17
3·72	4·02	3·71	4·60	3·53	//	//	3·98	4·76	2·21
3·00	2·33	//	3·50	1·39	//	//	1·25	2·00	1·50
8·99	7·09	5·09	5·73	5·57	//	//	//	//	4·69
2·33	3·00	//	4·73	4·27	//	//	//	//	2·86
4·89	5·78	6·82	4·63	4·78	//	//	//	//	4·52
3·44	6·31	4·75	3·86	2·89	//	//	//	//	2·44
3·34	4·85	5·63	3·81	3·27	//	//	//	//	3·36
5·24	3·43	3·30	4·46	3·40	//	//	3·83	6·57	4·11
4·58	3·92	3·47	4·33	3·89	4·17	3·24	3·58	5·77	3·37
5·21	4·54	3·33	3·97	3·82	//	//	4·18	4·11	2·51
3·58	//	2·37	3·66	3·25	//	//	3·33	3·48	2·77
//	//	2·00	4·36	//	//	//	3·03	2·52	2·64
2·89	//	2·40	2·88	2·20	//	//	2·76	4·32	2·77
3·74	5·25	3·65	5·51	6·02	//	//	5·25	8·36	//
5·21	4·48	4·72	4·60	4·68	//	//	//	//	//
2·94	4·53	3·12	4·21	5·11	//	//	3·95	4·58	//
3·04	3·39	2·65	2·44	2·86	//	//	2·73	2·78	2·21
4·04	2·67	3·19	1·83	2·04	//	//	1·85	2·19	1·74
5·41	3·70	//	2·88	2·75	//	//	2·27	3·16	2·54
2·51	2·77	2·88	3·32	2·64	//	//	2·56	4·65	2·58
2·34	2·47	3·14	3·25	3·01	//	//	2·60	4·06	2·45
7·32	6·80	6·01	5·72	6·16	//	//	5·16	6·01	3·96
7·84	8·11	5·09	3·69	//	//	//	//	//	//

Appendix C

	1274	1277	1283	1284	1285	1286	1287
Calbourne	3·12	3·76	2·49	//	//	//	//
Brighstone	3·05	2·95	1·98	//	//	//	//
Fareham	3·56	3·68	2·11	2·44	2·95	2·33	2·75
Bitterne	//	//	2·63	2·17	3·33	2·27	3·23
Waltham	3·85	4·53	2·65	3·41	2·87	3·42	6·50
Twyford	3·33	5·11	2·50	1·90	2·31	2·69	3·16
Stoke	4·88	6·62	2·39	3·73	3·63	3·60	3·58
East Meon	4·93	5·52	3·71	3·84	2·99	4·39	4·87
East Meon Church	2·89	3·99	2·94	3·49	3·19	3·28	4·21
Hambledon	1·71	2·94	3·18	3·05	4·07	4·08	3·81
Alresford	4·32	3·93	2·12	3·17	3·18	3·46	2·86
Beauworth	3·52	5·60	3·04	4·20	3·17	3·57	4·92
Cheriton	3·03	3·91	2·92	3·22	3·13	3·19	3·88
Sutton	1·83	3·14	1·74	2·54	3·10	1·83	4·01
Wield	//	//	3·07	3·89	3·59	2·99	3·50
Crawley	3·85	5·54	2·33	2·77	3·74	4·07	6·73
Mardon	3·45	4·74	2·05	2·67	4·13	4·40	5·30
Bentley	4·27	5·05	2·94	3·74	3·46	3·43	5·02
Farnham	2·56	3·37	2·03	2·66	//	3·08	3·75
Esher	//	—	—	—	—	—	—
Burghclere	6·22	8·63	4·92	3·51	//	//	5·81
High Clere	3·56	4·38	2·95	3·30	//	//	4·39
Ecchinswell	3·85	4·96	4·08	4·73	//	//	6·65
Ashmansworth	2·02	4·04	//	2·99	//	//	4·70
Woodhay	3·35	4·88	3·35	3·96	//	//	5·22
Overton	3·69	5·86	4·02	3·45	5·08	4·03	5·66
North Waltham	2·92	4·76	4·44	4·57	4·91	5·33	6·44
Brightwell	3·81	6·36	3·40	4·69	4·41	4·12	4·06
Harwell	2·77	4·33	2·64	//	//	2·16	4·06
Morton	2·36	3·34	2·96	2·89	2·05	2·38	4·17
West Wycombe	2·46	2·50	2·46	3·53	2·91	2·56	4·88
Ivinghoe	//	5·17	3·20	6·05	4·15	3·49	8·30
Wargrave	//	3·99	3·19	4·17	2·59	3·97	4·25
Adderbury	//	3·52	2·72	3·09	2·48	2·64	3·12
Witney	2·28	3·46	2·36	2·47	2·93	5·44	5·06
Downton	2·23	2·23	1·16	1·71	2·00	2·73	3·02
Bishopstone	2·23	3·18	1·38	2·61	2·86	2·89	3·51
Knoyle	2·31	3·88	1·89	3·18	2·81	3·88	4·56
Fonthill	3·29	3·22	2·29	3·71	3·03	3·57	4·67
Taunton	5·28	6·85	3·67	4·50	4·40	5·05	6·57
Rimpton	//	//	*c.* 2·93	4·88	3·27	3·80	5·31

1288	1289	1290	1291	1292	1296[a]	1297	1298	1299	1300
//	//	//	//	//	//	//	//	//	//
//	//	//	//	//	//	//	//	//	//
2·79	3·09	3·01	3·09	3·15	4·00	2·13	3·93	3·17	3·11
3·04	2·18	//	//	2·68	c. 3·20	3·59	2·86	3·22	3·23
4·02	2·10	2·67	2·75	3·21	c. 4·40	3·36	4·19	3·56	2·46
4·30	2·50	//	//	3·06	c. 3·90	3·54	5·35	3·17	3·30
5·50	5·24	//	//	4·04	5·50	4·33	5·37	5·05	4·45
5·17	3·20	3·10	2·27	3·15	c. 6·70	5·90	6·44	5·20	4·53
4·50	3·39	2·84	3·68	3·29	c. 6·90	4·64	6·72	6·25	5·50
3·73	3·74	//	//	3·71	c. 3·80	4·30	5·15	1·56	3·29
2·67	2·24	1·82	2·23	3·31	3·50	3·51	c. 3·81	2·54	3·58
4·65	2·63	2·94	3·16	2·81	//	4·91	3·84	//	//
4·12	1·36	3·03	2·20	1·91	//	//	//	//	//
3·28	2·09	2·20	2·07	2·47	//	//	//	3·53	3·04
4·05	2·66	2·67	3·34	3·55	c. 5·40	4·83	5·25	4·99	3·38
4·14	4·81	2·99	4·36	3·51	c. 4·20	4·58	4·99	3·88	1·88
4·74	4·94	//	//	3·43	3·00	3·84	4·13	3·19	3·45
5·50	3·70	3·68	4·15	//	c. 4·20	4·11	4·01	4·60	4·19
3·36	2·20	3·09	2·50	//	//	3·17	2·12	1·90	2·32
—	—	—	—	2·25 +	//	//	//	//	//
6·11	5·41	3·08	3·83	//	5·00	3·17	6·25	3·34	3·91
3·78	2·78	3·01	3·29	//	5·00	4·28	6·36	4·95	4·57
6·10	3·28	2·64	3·26	3·36	4·00	2·94	4·63	3·24	3·25
4·20	3·62	2·98	3·92	3·25	c. 4·90	3·82	6·40	4·21	2·75
4·02	3·90	3·48	3·98	3·10	3·50	4·24	4·39	3·29	2·49
4·41	4·00	2·45	3·20	3·46	5·00	4·43	5·30	4·62	4·24
4·79	3·18	//	//	3·24	c. 5·20	5·38	5·83	4·77	5·04
4·23	3·20	3·63	5·21	3·71	//	3·77	3·66	5·08	3·20
3·44	3·27	3·00	4·12	//	//	2·66	3·10	3·84	3·15
3·39	3·12	3·28	4·31	2·99	//	2·07	3·18	3·01	2·64
3·45	3·01	2·90	2·58	3·03	c. 3·70	2·34	3·52	2·91	3·29
6·66	4·96	4·96	5·59	4·03	c. 6·20	3·97	6·79	6·41	2·85
3·77	//	//	2·88	3·78	c. 3·75	3·55	5·63	3·07	4·21
3·52	2·85	2·28	3·27	2·89	3·50	2·93	3·52	3·19	3·88
3·44	3·17	2·95	2·92	2·92	4·00	2·44	3·43	2·54	3·38
2·29	1·85	1·89	3·65	3·56	4·00	3·37	4·57	2·38	3·00
2·28	2·06	2·38	3·52	5·05	4·00	5·55	7·15	3·80	4·79
3·45	2·71	2·75	2·95	3·34	c. 4·20	4·36	7·10	4·22	4·20
3·89	4·71	3·61	4·93	3·78	4·00	5·32	7·51	6·13	6·08
5·60	6·34	4·22	4·92	5·16	//	3·34	4·24	3·60	4·34
5·42	4·78	5·05	4·70	6·94	//	5·40	5·57	4·21	3·89

[a] Taken from the marginal yield calculations in the account roll; cannot be calculated exactly.

Appendix C

	1301	1302	1305[a]	1306	1307	1308	1309
Calbourne	//	//	//	//	//	//	//
Brighstone	//	//	//	//	//	//	//
Fareham	2·93	3·06	3·07	2·22	2·88	2·33	3·43
Bitterne	2·16	3·92	2·48	4·75	//	//	4·11
Waltham	3·11	3·77	4·07	3·48	3·04	3·23	3·95
Twyford	4·28	3·25	3·15	3·01	3·43	2·83	2·98
Stoke	5·66	4·10	6·12	4·86	4·78	3·75	4·32
East Meon	6·24	5·55	4·62	4·97	3·67	3·58	4·28
East Meon Church	5·72	4·91	7·08	5·23	4·00	4·19	5·22
Hambledon	4·53	4·31	2·99	3·11	3·76	2·84	4·52
Alresford	2·40	3·59	4·13	3·81	3·95	4·97	6·47
Beauworth	4·02	2·57	3·34	3·69	4·29	3·90	4·81
Cheriton	2·95	3·31	2·82	1·36	2·49	3·75	3·55
Sutton	3·26	//	2·52	2·47	2·27	3·47	3·51
Wield	5·57	6·49	4·27	4·77	5·66	2·55	5·04
Crawley	4·01	3·92	3·93	2·58	2·65	2·89	4·19
Mardon	5·46	3·75	4·17	4·69	4·32	3·17	4·43
Bentley	4·64	4·82	6·29	6·65	5·78	6·72	7·21
Farnham	3·16	2·84	2·25	1·89	3·12	2·70	2·45
Esher	//	//	//	//	//	//	2·50
Burghclere	5·17	3·74	3·69	5·33	4·51	3·91	4·94
High Clere	4·60	4·41	3·77	4·10	4·29	3·84	4·85
Ecchinswell	5·25	4·20	3·57	4·56	4·53	3·98	8·58
Ashmansworth	3·04	3·28	3·64	2·76	2·51	2·99	2·27
Woodhay	4·19	3·60	2·90	2·61	2·98	2·57	3·43
Overton	5·16	5·48	3·19	2·61	2·48	3·34	4·45
North Waltham	6·62	4·17	3·81	3·44	5·17	4·81	2·98
Brightwell	4·45	2·88	5·57	3·71	4·98	3·89	5·78
Harwell	4·49	2·76	4·92	//	//	3·78	4·28
Morton	2·86	2·22	4·21	4·74	3·95	3·94	1·70
West Wycombe	2·94	2·34	4·53	4·62	2·67	3·28	5·17
Ivinghoe	4·61	4·03	10·57	4·93	5·04	6·94	6·95
Wargrave	4·94	3·63	3·37	6·40	5·64	3·93	4·80
Adderbury	3·13	3·15	5·63	5·40	6·88	5·29	4·43
Witney	3·18	2·83	//	3·40	1·64	3·51	1·76
Downton	2·75	2·96	3·47	3·13	2·57	2·62	3·98
Bishopstone	3·82	4·17	4·52	4·87	3·96	4·59	6·55
Knoyle	4·75	4·86	//	4·25	3·31	3·53	3·61
Fonthill	4·87	5·70	//	2·74	3·41	4·55	4·88
Taunton	4·38	6·23[b]	5·81	6·02	5·45	5·41	5·06
Rimpton	4·20	5·32	8·59	7·40	5·86	6·68	5·89

[a] Exact calculations from the marginal yield calculations in the account roll.
[b] Without Poundisford.

1310	1311	1312	1313	1314	1315	1316	1317	1318	1320[a]
//	//	//	//	//	//	//	//	//	//
//	//	//	//	//	//	//	//	//	//
3·05	3·41	3·58	5·16	3·80	3·64	4·38	5·01	5·85	4·63
1·69	4·57	3·30	3·68	3·67	2·28	3·41	2·17	2·81	3·45
2·63	3·81	4·52	4·17	3·28	1·92	1·27	3·16	3·82	3·94
1·58	2·81	//	3·61	3·64	2·07	2·78	//	//	3·80
4·39	4·15	5·04	4·18	5·50	2·71	1·70	//	//	3·41
3·47	5·31	5·67	6·86	5·24	2·29	3·13	4·82	7·39	4·84
3·22	5·65	6·36	6·04	5·01	2·68	3·27	3·02	8·20	3·05
2·57	3·44	3·77	3·98	3·31	1·93	2·83	3·25	5·45	3·37
3·29	4·13	4·06	4·14	4·39	3·04	3·20	4·06	6·08	6·65
3·57	4·00	4·08	4·13	4·14	3·02	1·09	3·34	4·18	3·47
1·29	3·20	4·01	4·86	4·53	2·39	1·71	3·03	4·41	4·36
2·11	4·08	4·04	4·17	//	//	2·94	3·03	4·05	3·00
4·78	6·33	5·29	5·82	6·06	2·91	//	4·11	6·65	3·00
1·89	3·39	5·55	4·46	3·54	2·45	1·66	4·06	5·27	5·01
2·74	3·38	3·97	4·41	3·62	2·70	2·74	2·90	4·72	3·51
4·89	6·59	5·80	5·74	5·12	2·40	1·69	2·91	3·98	3·66
3·53	5·31	2·45	4·02	3·02	2·27	2·04	2·00	3·53	2·88
//	//	//	2·38	2·63	//	//	//	//	//
3·39	4·31	5·00	6·03	4·36	2·37	1·19	3·50	5·87	3·29
3·11	4·58	5·24	4·94	4·29	2·27	2·00	2·85	5·79	4·94
3·51	4·53	3·68	4·52	4·09	2·49	1·00	2·96	6·64	4·16
2·89	4·80	3·72	3·49	3·52	1·15	1·00	3·32	6·29	2·92
1·78	3·40	3·08	2·92	2·69	1·79	1·51	3·18	5·03	//
2·26	4·27	3·08	3·65	3·71	2·63	2·66	3·74	7·50	3·86
2·71	4·67	3·80	5·11	4·09	1·36	1·00	3·00	5·22	4·53
3·66	6·10	5·46	5·69	5·15	4·10	3·77	4·98	4·84	2·89
4·34	4·67	3·73	5·81	2·79	2·59	2·54	3·48	4·03	3·58
2·76	4·33	3·21	3·15	1·99	1·15	0·36	1·04	4·14	//
2·65	2·94	2·28	3·43	2·38	1·58	1·64	1·99	4·00	2·81
5·37	9·87	6·27	6·37	6·07	2·25	1·69	//	5·84	5·30
4·24	3·14	4·28	6·01	3·14	2·45	1·87	2·52	4·54	4·42
4·02	3·35	5·03	2·88	2·90	2·66	1·48	2·95	4·40	4·63
2·66	2·95	3·40	3·18	3·12	2·24	//	//	2·76	4·24
3·49	3·92	3·76	4·69	3·53	2·51	3·40	3·33	4·09	3·92
3·87	5·59	4·42	6·17	5·32	//	//	4·87	5·11	5·31
3·60	4·36	4·29	5·04	4·07	2·41	1·24	2·93	4·29	3·97
2·62	3·54	3·05	3·62	2·92	2·26	2·06	2·75	3·43	3·00
3·66	4·53	5·06	4·95	6·26	4·13	2·33	4·51	4·49	//
5·14	7·86	5·52	5·91	8·72	3·37	1·17	4·32	7·75	//

Appendix C

	1324[a]	1325	1326	1327	1328	1329	1330
Calbourne	//	//	//	//	//	//	//
Brighstone	//	//	//	//	//	//	//
Fareham	3·74	4·68	4·50	4·00	4·63	4·11	5·66
Bitterne	2·38	4·00	3·06	4·88	3·78	3·82	3·63
Waltham	3·00	3·14	3·40	3·13	2·91	3·00	3·53
Twyford	3·37	5·11	3·47	2·99	3·63	4·21	3·92
Stoke	3·79	3·49	6·08	2·98	3·46	3·39	4·13
East Meon	4·53	7·44	9·69	4·93	4·98	3·73	5·37
East Meon Church	//	//	4·68	//	//	//	//
Hambledon	4·07	4·67	4·05	4·08	2·52	2·88	3·22
Alresford	5·28	6·50	5·50	4·43	3·98	4·43	3·89
Beauworth	2·98	4·28	6·03	3·10	3·61	3·97	3·72
Cheriton	3·77	4·87	5·09	4·32	4·08	4·72	3·68
Sutton	3·18	4·00	3·02	2·72	2·77	3·00	2·89
Wield	3·00	4·93	5·29	4·64	4·25	4·70	4·24
Crawley	4·36	5·67	4·23	3·02	4·19	4·08	3·26
Mardon	//	4·28	2·61	3·75	3·77	3·59	3·32
Bentley	3·70	4·71	7·38	4·87	4·41	5·48	4·18
Farnham	3·00	2·20	3·59	4·56	3·00	3·00	2·74
Esher	3·00	//	//	2·00	//	//	//
Burghclere	4·00	4·90	4·37	4·53	4·50	4·62	3·79
High Clere	3·70	7·08	7·49	5·19	4·21	4·17	4·83
Ecchinswell	4·06	5·51	5·93	4·11	3·92	4·18	4·34
Ashmansworth	4·58	5·22	5·86	4·60	3·56	5·19	3·59
Woodhay	3·54	5·96	4·94	4·20	4·72	4·71	4·76
Overton	4·57	5·35	3·79	5·09	3·03	3·64	2·15
North Waltham	4·30	8·09	5·04	5·52	3·89	4·50	3·75
Brightwell	2·82	5·94	5·21	6·50	6·58	5·54	3·38
Harwell	3·69	5·04	5·74	4·99	5·92	4·51	4·96
Morton	2·50	3·47	5·65	5·24	//	//	//
West Wycombe	3·50	6·28	6·86	3·64	2·00	3·50	//
Ivinghoe	5·71	3·89	8·37	7·23	3·26	7·57	3·86
Wargrave	3·24	6·90	*c.* 9·28	7·21	4·26	4·24	5·34
Adderbury	3·00	4·75	3·76	4·21	4·04	4·31	4·90
Witney	2·78	3·21	3·67	3·42	3·00	3·37	3·48
Downton	3·00	4·26	2·02	3·08	3·15	4·18	4·55
Bishopstone	4·15	6·36	4·01	3·51	3·85	4·15	4·00
Knoyle	3·00	4·46	3·43	3·06	2·07	//	//
Fonthill	3·52	1·21	4·83	2·55	3·00	4·03	4·00
Taunton	5·72	5·98	6·67	4·23	3·57	3·61	3·59
Rimpton	4·55	4·89	6·92	3·72	5·09	4·02	5·04

[a] Calculated exactly from the marginal yield calculations in the account roll.

1331	1332	1335	1336	1337	1338	1339	1340	1341	1342
//	//	//	//	//	//	//	//	//	//
//	//	//	//	//	//	//	//	//	//
5·85	4·18	4·38	3·74	4·41	3·49	1·26	3·81	3·52	1·86
4·76	4·70	2·97	3·33	2·77	5·07	1·34	2·79	2·38	2·57
3·28	4·59	4·05	4·48	5·32	3·61	1·41	3·13	1·87	2·25
2·96	3·97	2·59	3·09	3·95	3·07	1·67	3·08	2·64	3·08
3·00	3·82	4·11	4·32	5·39	4·66	2·66	4·44	3·41	4·00
7·23	6·67	5·18	6·00	6·94	6·86	2·94	5·34	3·57	4·81
//	//	2·97	4·87	5·71	5·15	2·33	3·64	2·34	4·61
3·06	3·39	3·45	5·69	4·98	4·17	1·86	3·70	3·12	3·15
3·51	3·92	2·88	6·49	5·32	5·56	2·45	4·56	1·50	3·46
3·21	4·01	3·35	2·74	4·43	5·23	1·61	3·55	1·49	3·92
4·55	4·49	2·93	2·82	3·21	4·66	1·28	3·77	2·41	2·63
2·65	2·90	2·51	3·63	2·70	3·62	1·55	3·06	1·37	2·52
2·38	5·10	3·92	3·74	5·76	4·53	2·50	3·63	3·97	4·72
4·29	4·22	3·22	4·21	4·16	4·13	1·90	3·94	4·82	3·43
4·93	3·69	3·25	3·69	3·96	2·62	1·33	3·93	3·21	3·13
2·99	//	6·88	3·33	4·62	5·20	2·21	4·32	5·46	5·41
2·49	3·12	3·96	4·67	5·25	6·54	6·00	6·30	5·05	8·06
//	//	6·62	4·00	//	4·05	1·84	4·08	//	//
4·21	4·22	4·01	4·38	6·44	5·69	3·61	3·96	3·25	5·17
4·74	5·20	4·36	4·19	4·60	4·81	2·88	4·25	3·49	3·30
4·76	5·00	5·02	5·17	6·16	4·83	2·80	5·54	3·53	5·26
3·78	4·02	4·31	3·38	4·20	3·74	1·73	2·86	3·06	3·48
4·22	4·17	4·49	4·89	5·00	4·81	3·23	3·22	2·66	6·50
3·07	3·61	3·59	3·75	3·87	4·26	1·91	3·97	3·41	3·33
3·82	5·41	3·97	3·25	5·66	5·05	1·96	3·89	3·62	2·87
5·63	//	4·59	3·69	5·03	4·66	3·69	4·50	3·68	4·40
7·06	//	4·09	4·54	5·71	6·06	3·52	4·21	5·02	5·14
//	//	4·51	0·72	4·29	3·50	1·06	3·50	3·31	5·02
//	//	1·67	2·24	4·16	4·85	0·95	2·27	3·17	3·29
4·07	7·34	4·45	3·32	6·66	4·19	1·86	4·21	4·03	3·79
4·74	4·65	2·61	3·39	5·52	2·76	1·90	5·15	2·22	3·42
2·72	//	5·51	4·53	4·03	2·83	2·57	5·46	2·53	3·71
3·15	//	2·96	2·89	3·83	3·24	1·38	2·93	2·42	2·97
4·58	3·78	2·11	4·22	5·07	5·09	2·29	3·19	2·59	3·60
5·85	4·62	3·47	7·55	6·43	7·29	3·20	5·62	2·80	5·78
3·09	4·10	2·86	4·09	4·00	3·88	1·30	3·91	3·01	4·39
5·02	4·89	3·39	4·50	3·18	4·49	1·49	3·74	3·27	3·99
3·38	4·67	5·14	5·93	7·10	5·17	4·50	6·96	4·48	7·17
3·73	5·14	6·65	7·87	5·73	8·01	2·27	5·78	6·01	7·23

Appendix C

	1343	1344	1345	1346	1347	1348	1349
Calbourne	//	//	//	//	//	//	//
Brighstone	//	//	//	//	//	//	//
Fareham	2·80	3·72	4·40	3·37	3·23	3·11	//
Bitterne	1·31	3·38	4·12	3·04	3·35	3·46	2·51
Waltham	2·15	3·16	4·77	3·21	2·37	4·24	1·93
Twyford	2·00	3·17	2·86	3·02	2·26	3·23	2·08
Stoke	3·40	5·91	4·22	4·00	3·55	4·29	2·20
East Meon	4·74	11·33	6·63	5·40	5·71	6·36	3·31
East Meon Church	3·67	8·31	6·56	3·67	4·51	4·56	2·34
Hambledon	3·13	4·85	3·96	3·81	2·96	4·39	3·22
Alresford	3·40	4·82	5·00	4·33	3·45	3·73	1·59
Beauworth	2·97	3·81	3·89	3·41	3·70	4·12	1·96
Cheriton	3·56	3·65	2·93	3·50	2·84	2·45	2·31
Sutton	2·01	2·85	2·07	2·08	1·72	2·98	2·13
Wield	3·58	4·88	4·39	1·97	4·14	3·40	2·64
Crawley	3·59	5·23	4·25	3·09	3·37	4·11	2·40
Mardon	3·51	3·90	3·66	3·63	2·43	3·87	2·08
Bentley	4·49	8·07	5·96	3·57	6·21	6·01	3·50
Farnham	4·29	6·46	1·03	4·18	3·33	4·27	2·85
Esher	2·13	3·83	2·00	//	//	//	//
Burghclere	4·62	3·44	4·14	3·13	3·74	4·25	2·92
High Clere	3·05	4·45	4·37	3·34	3·65	3·72	1·95
Ecchinswell	5·08	5·09	4·92	3·95	4·36	4·11	2·36
Ashmansworth	1·90	4·22	1·83	2·00	4·35	2·94	1·35
Woodhay	2·28	2·93	4·17	2·39	3·00	4·12	2·00
Overton	2·92	3·59	3·06	2·11	3·87	3·27	1·50
North Waltham	2·56	4·05	2·24	3·33	2·95	4·31	1·56
Brightwell	3·83	3·99	3·86	4·17	2·99	//	//
Harwell	4·22	5·43	4·95	2·58	3·37	4·79	3·40
Morton	2·64	2·99	2·82	2·28	3·00	2·08	1·66
West Wycombe	3·17	4·68	2·00	1·82	1·80	2·63	//
Ivinghoe	4·74	4·30	5·80	2·32	4·17	3·57	2·75
Wargrave	3·54	4·92	5·00	2·97	2·64	5·15	3·05
Adderbury	2·60	5·49	3·95	1·90	2·06	2·96	1·47
Witney	2·43	3·08	2·18	1·84	2·62	2·74	1·83
Downton	2·39	4·73	4·67	2·27	1·56	2·66	1·42
Bishopstone	2·43	5·74	4·71	4·29	3·13	4·55	2·89
Knoyle	2·66	4·45	3·36	2·69	2·51	2·26	1·46
Fonthill	2·60	4·98	4·31	3·47	2·28	3·72	1·46
Taunton	5·19	6·45	5·04	3·76	3·76	4·32	2·47
Rimpton	4·09	9·15	5·52	2·77	6·84	3·65	2·31

D *Gross yields of barley per seed*

	1211	1218	1219	1220	1224	1225	1226
Calbourne }	2·45	2·35	4·15	3·08	3·19	//	3·19
Brighstone }							4·20
Fareham	5·09	5·73	4·98	5·05	4·40	4·83	3·51
Bitterne	2·09	2·75	4·61	3·05	3·21	3·79	//
Waltham	5·89	3·86	4·24	3·21	4·65	6·80	4·40
Twyford[a]	2·83	5·57	//	//	3·76	3·95	3·97
Stoke	3·41	5·84	4·47	4·91	5·55	5·68	5·03
East Meon	3·27	3·37	2·57	2·08	4·48	6·35	3·20
East Meon Church[b]	//	//	//	//	//	//	//
Hambledon	4·23	3·11	3·97	3·60	3·53	6·09	//
Alresford	2·35	//	2·15	4·11	3·05	3·09	4·00
Beauworth	2·22	2·20	2·62	2·81	4·31	//	//
Cheriton	2·41	3·61	3·00	2·24	2·22	2·63	//
Sutton	1·54	1·72	2·68	2·36	1·85	3·19	2·93
Wield	5·00	6·50	1·81	3·33	2·66	4·76	3·91
Crawley	3·04	3·73	4·26	2·99	3·89	2·91	4·28
Mardon	2·42	//	4·20	4·53	4·50	3·94	3·82
Bentley	5·63	2·41	2·13	2·34	3·08	//	//
Farnham[c]	2·00	3·00	3·81	3·02	//	//	//
Esher	//	//	//	//	//	//	//
Burghclere }	2·58	—	—	3·50	5·78	4·50	5·08
High Clere }		4·00	//	—	—	//	//
Ecchinswell	—	1·21	6·00	5·08	—	5·33	2·20
Ashmansworth	—	4·17	//	4·56	—	//	//
Woodhay[d]	5·33	5·00	6·00	//	7·17	//	//
Overton	2·95	//	6·03	4·10	4·05	3·42	4·10
North Waltham	2·95	//	4·45	4·94	3·14	3·01	//
Brightwell	9·21	3·13	4·58	5·40	3·75	4·68	4·25
Harwell	—	4·67	7·19	8·36	6·00	5·80	5·25
Morton	//	2·00	2·23	5·60	//	3·75	2·97
West Wycombe	3·43	//	5·00	3·80	3·39	10·21	6·18
Ivinghoe	//	//	4·36	//	//	//	//
Wargrave[e]	4·29	2·65	//	//	//	//	5·48[f]
Adderbury	7·21	//	//	//	3·22	7·30	6·73
Witney	3·42	//	//	4·81	4·04	7·91	3·24
Downton[g]	3·13	3·54	3·89	//	5·71	4·34	5·32
Bishopstone	//	4·66	4·30	5·11	5·67	5·54	4·54
Knoyle	3·50	3·71	//	//	3·12	3·45	3·11
Fonthill	//	//	//	//	//	//	5·06
Taunton[h]	7·83	—	—	—	2·92	4·74	—
Rimpton	4·06	—	3·16	—	3·00	1·49	—

[a] With Marwell.
[b] Produce of the demesne is mixed up with the tithes at first.
[c] With Seal to 1285, without Seal from 1286. [d] With Widehaia Tornes.
[e] Combined figures for Wargrave, Waltham St Lawrence and Culham.
[f] Waltham and Culham only. [g] With Cowyck.
[h] Combined figures for all the sub-manors.

Appendix D

	1232	1236	1245	1246	1247	1248	1252
Calbourne	3·40	3·16	4·24	2·48	3·42	4·86	2·91
Brighstone	3·48	2·81	5·63	3·73	3·46	4·39	4·43
Fareham	4·40	3·82	4·74	5·43	5·30	4·63	3·55
Bitterne	4·30	4·73	5·68	4·21	2·91	4·02	1·70
Waltham	//	5·13	5·01	5·99	4·90	5·07	2·05
Twyford	4·01	3·50	6·16	4·38	3·68	3·70	//
Stoke	3·07	2·52	3·08	3·10	5·28	3·95	//
East Meon	3·87[a]	3·51[a]	4·87	4·76	3·81	4·92	4·15
East Meon Church	//	//	//	//	//	//	//
Hambledon	4·76	4·83	5·43	5·05	4·60	4·92	3·30
Alresford	5·91	5·10	2·58	2·16	4·12	3·53	2·77
Beauworth	3·41	3·88	3·66	4·05	3·34	4·25	2·42
Cheriton	4·22	3·74	3·75	3·96	3·32	4·03	//
Sutton	3·70	//	2·66	2·48	2·62	2·26	2·67
Wield	2·50	4·03	3·06	1·65	2·76	4·23	3·35
Crawley	4·28	4·92	5·29	4·69	3·74	3·82	2·92
Mardon	3·47	4·85	6·08	5·53	5·44	4·50	3·95
Bentley	3·33	3·28	3·80	3·00	4·75	5·06	3·42
Farnham	4·58	4·17	3·57	4·61	2·91[b]	3·54	3·09
Esher	//	3·00	2·32	//	//	3·32	1·41
Burghclere	//	9·50	3·41	6·13	7·60	5·69	4·02
High Clere	3·17	5·42	5·88	4·44	4·54	4·90	6·02
Ecchinswell	1·65	//	4·27	4·58	3·59	9·57	5·73
Ashmansworth	5·78	7·50	4·84	9·24	3·21	5·67	5·00
Woodhay	3·09	7·76	6·33	5·58	3·64	8·36	5·45
Overton	4·85	//	3·95	5·15	4·94	3·94	4·31
North Waltham	3·62	4·35	3·27	4·13	3·35	2·53	3·42
Brightwell	5·09	3·89	6·16	5·07	4·45	6·03	3·92
Harwell	10·76	//	3·83	7·09	7·71	5·46	4·59
Morton	//	7·63	8·03	8·27	6·35	5·20	5·02
West Wycombe	6·37	5·51	3·19	5·33	4·85	6·18	3·00
Ivinghoe	5·91	—	—	—	—	—	—
Wargrave	4·63	5·32	6·84	6·50	6·63	5·19	3·86
Adderbury	6·01	5·92	7·85	5·29	3·67	4·70	4·20
Witney	3·49	2·97	4·06	4·10	5·01	5·28	2·75
Downton	3·22	4·03	3·25	6·47	5·91	5·84	2·75
Bishopstone	6·19	5·83	4·26	3·52	4·17	4·36	3·96
Knoyle	4·22	2·80	3·76	3·49	2·85	//[c]	1·65
Fonthill	//	3·64	4·98	4·50	4·01	//[d]	2·88
Taunton	—	5·75	10·00	6·70	5·11	5·74	3·44
Rimpton	4·57	8·93	5·73	4·85	4·60	5·18	1·54

[a] I have subtracted tithes before calculating yields.
[b] Farnham only; Seal sold *in grosso*.
[c] 4·87 + (some produce sold *in grosso*).
[d] 4·64 + (some produce sold *in grosso*).

1253	1254	1257	1265	1268	1269	1270	1271	1272	1273
3·50	4·02	4·02	3·66	3·44	//	//	2·66	4·84	4·45
3·44	4·51	3·79	3·47	3·16	//	//	2·45	4·08	4·70
4·54	4·15	4·45	2·76	4·35	//	//	3·81	3·85	4·72
3·92	3·95	3·66	2·74	3·36	//	//	//	3·72	//
3·25	3·87	2·87	3·62	5·09	//	//	2·75	3·40	3·86
4·88	5·00	4·91	2·71	3·24	//	//	3·52	3·28	3·23
//	//	6·17	3·24	4·30	//	//	5·87	3·40	2·68
3·93	4·71	3·10	2·86	3·44	//	//	6·19	5·32	4·85
//	//	//	//	5·00	//	//	—	—	4·95
2·88	5·62	3·82	2·39	2·68	//	//	4·55	2·75	3·15
3·74	3·74	3·16	2·89	2·93	3·22	2·84	3·48	3·73	3·86
3·13	4·10	3·39	4·17	4·41	//	//	2·98	4·04	3·98
4·02	4·01	3·50	3·11	2·20	//	//	3·21	2·78	3·08
2·99	3·19	3·47	2·70	2·73	//	//	2·57	3·17	2·90
//	//	3·88	4·40	4·47	5·75	3·55	3·49	3·29	//
3·74	3·88	4·43	2·89	2·64	//	//	2·31	1·68	2·52
4·10	5·06	4·53	4·24	3·83	//	//	4·44	3·84	4·25
3·03	3·14	3·75	4·67	1·50	//	//	4·78	4·81	4·30
5·71	5·55	3·81	3·87	2·41	//	//	5·33	4·12	3·92
c.3·39	2·50	//	2·60	2·60	//	//	3·03	2·74	//
5·15	5·66	4·95	3·77	2·71	//	//	//	//	4·32
5·03	5·28	//	3·86	2·20	//	//	//	//	2·06
5·46	5·90	5·06	4·96	3·58	//	//	//	//	5·41
6·07	6·30	5·04	2·75	2·63	//	//	//	//	2·79
6·00	9·44	5·66	5·38	3·88	//	//	//	//	4·34
5·00	4·90	4·67	4·12	3·10	//	//	3·59	3·00	4·51
4·82	4·40	4·03	3·53	2·23	3·59	3·09	3·80	2·63	2·99
//	5·61	5·21	4·63	3·93	//	//	5·07	4·45	3·71
5·13	//	3·87	5·26	5·37	//	//	4·80	5·88	4·41
//	//	4·40	4·27	//	//	//	2·48	5·32	2·69
3·85	3·90	3·56	3·69	3·67	//	//	4·93	2·64	3·90
8·21	7·33	3·51	5·72	7·62	//	//	6·28	5·44	//
4·77	4·11	4·09	4·84	3·81	//	//	//	//	//
4·49	5·02	3·73	—	—	//	//	—	—	//
5·57	4·55	3·73	2·76	3·80	//	//	4·29	5·89	3·50
4·74	4·05	3·46	3·46	2·98	//	//	2·71	2·58	2·42 [a]
5·09	4·29	//	3·08	3·69	//	//	3·95	3·58	3·18
2·66	3·89	4·42	3·92	4·05	//	//	4·93	4·55	3·56
4·70	4·90	3·91	4·56	4·74	//	//	4·31	4·31	4·00
5·01	6·92	9·43	7·49	6·51	//	//	4·05	4·83	5·08
7·27	5·69	4·10	2·26	//	//	//	//	//	//

[a] Without Cowyck.

Appendix D

	1274	1277	1283	1284	1285	1286	1287
Calbourne	3·35	4·09	2·55	//	//	//	//
Brighstone	2·92	3·51	2·52	//	//	//	//
Fareham	3·89	3·15	3·31	2·14	5·01	4·09	4·62
Bitterne	//	3·87	3·95	4·49	2·71	2·34	3·22
Waltham	2·95	4·35	2·71	3·99	2·79	3·63	4·57
Twyford	3·55	3·45	2·83	2·87	1·10	3·07	3·28
Stoke	3·18	4·21	1·87	5·00	1·46	2·22	3·09
East Meon	4·37	3·20	2·60	3·17	2·21	2·52	3·59
East Meon Church	—	—	—	—	3·65	5·27	2·72
Hambledon	2·23	2·66	3·40	4·31	3·82	4·89	4·69
Alresford	3·11	2·72	3·84	3·12	2·80	3·41	2·69
Beauworth	3·27	4·04	3·25	2·74	4·03	2·79	2·87
Cheriton	2·74	3·26	3·42	2·36	2·55	3·26	3·20
Sutton	2·71	3·90	3·62	3·07	2·47	2·98	2·45
Wield	//	//	2·72	2·68	2·09	2·23	2·42
Crawley	2·49	3·39	1·73	2·58	2·71	3·00	2·75
Mardon	4·18	3·95	1·98	2·63	3·72	3·85	5·08
Bentley	4·15	3·34	2·50	2·00	2·35	3·24	4·07
Farnham	3·63	//	3·05	3·19	1·63	2·32	2·05
Esher	//	//	3·54	2·20	2·08	3·50	4·38
Burghclere	2·87	4·56	2·02	3·86	//	//	4·70
High Clere	2·85	3·83	3·08	4·57	//	//	4·40
Ecchinswell	3·60	3·53	3·73	3·53	//	//	4·40
Ashmansworth	3·33	4·28	//	4·07	//	//	6·48
Woodhay	3·48	4·97	3·84	3·00	//	//	5·33
Overton	3·60	4·96	3·36	3·01	3·22	2·37	4·08
North Waltham	2·02	3·21	2·87	3·27	2·60	2·54	3·72
Brightwell	5·04	6·85	6·01	5·22	4·74	4·25	4·92
Harwell	3·64	4·54	5·81	//	//	1·70	6·03
Morton	4·44	3·40	3·08	2·62	1·41	2·31	2·03
West Wycombe	3·30	1·81	4·00	4·14	5·43	2·84	3·61
Ivinghoe	//	4·02	3·94	3·94	1·96	2·00	5·11
Wargrave	//	3·61	3·50	4·56	1·87	3·21	3·87
Adderbury	//	—	—	—	—	—	—
Witney	3·88	4·61	3·72	5·04	3·80	5·04	3·97
Downton	2·31	2·30	2·14	1·77	2·12	2·33	2·85
Bishopstone	3·56	4·31	2·91	2·53	3·63	3·83	3·42
Knoyle	3·48	4·89	2·78	3·91	3·65	3·36	4·23
Fonthill	4·38	4·07	3·50	4·01	3·58	3·97	4·16
Taunton	5·58	6·65	3·30	5·01	5·20	4·30	4·71
Rimpton	//	//	3·90	6·09	3·86	5·63	4·37

Gross yields of barley per seed

1288	1289	1290	1291	1292	1297	1298	1299	1300	1301
//	//	//	//	//	//	//	//	//	//
//	//	//	//	//	//	//	//	//	//
3·77	2·92	2·77	2·07	3·08	2·33	2·76	3·88	2·89	2·36
2·93	1·99	//	//	2·32	2·13	3·50	2·55	2·48	2·70
3·72	2·21	2·16	1·86	1·80	2·50	2·97	2·45	2·19	3·77
2·79	2·14	//	//	2·93	2·36	1·51	3·07	3·64	4·37
3·50	2·24	//	//	2·91	3·02	3·70	3·13	5·92	4·66
3·48	2·70	3·75	1·01	1·76	2·74	3·73	3·29	4·06	3·37
4·00	3·79	3·08	1·64	2·75	3·81	3·80	3·50	3·17	3·63
4·56	3·51	//	//	2·66	2·02	3·65	2·76	3·86	3·82
3·04	2·40	1·29	1·04	3·22	2·55	//	2·69	1·31	2·22
3·35	2·00	2·70	1·15	2·31	2·21	2·91	//	//	3·26
2·45	1·51	1·97	0·79	1·43	//	//	//	//	2·49
2·70	1·60	2·03	0·71	1·88	//	//	3·22	3·68	2·61
3·62	2·18	2·88	0·44	2·29	2·40	3·45	3·16	3·03	3·35
2·97	2·61	2·32	1·77	2·49	2·04	2·86	2·81	1·93	2·40
3·43	1·36	3·13	1·88	3·58	3·32	4·09	3·73	3·41	3·69
3·68	1·42	2·58	1·91	//	2·38	2·08	2·40	1·65	3·17
4·18	2·41	3·74	2·33	//	2·27	2·28	2·61	2·23	2·63
3·85	2·27	2·38	—	//	2·73	4·17	6·00	3·88	3·75
3·74	2·46	2·24	1·84	//	1·36	2·46	2·55	2·08	1·95
4·98	3·21	2·59	3·19	//	2·84	3·72	3·15	3·39	2·40
3·69	2·68	2·44	2·30	2·12	2·36	4·00	2·00	2·38	4·33
4·16	3·78	3·07	2·61	1·99	2·83	2·56	2·52	2·54	2·14
5·19	4·08	2·80	4·92	3·47	4·89	3·90	3·10	2·72	3·68
2·74	2·16	2·55	0·89	1·30	2·53	2·41	4·13	2·90	4·35
2·66	2·57	1·67	1·74	1·04	3·21	4·43	2·06	3·32	2·69
4·60	4·64	2·77	4·09	4·50	3·15	3·22	4·60	5·21	5·33
6·26	5·06	3·04	4·46	//	3·63	3·79	4·59	4·91	4·33
3·35	2·84	2·93	2·60	3·02	0·96	2·87	2·79	3·80	4·55[a]
3·51	3·79	4·27	3·79	2·55	1·73	2·10	3·68	2·67	2·12
4·21	5·88	2·90	4·91	2·98	3·43	7·00	4·62	4·25	4·39
3·38	3·27[b]	3·31[b]	2·96	3·73	2·71	3·69	2·92	2·70	3·35
—	—	—	—	—	—	—	—	—	—
3·83	4·10	//	2·52	3·30	1·85	3·75	4·33	3·93	4·26
3·21	2·34	1·97	2·73	2·91	2·20	2·31	2·48	2·28	3·28
3·58	2·39	3·58	2·72	2·92	4·07	1·38	4·60	4·60	5·64
3·20	4·13	2·84	3·77	3·86	3·29	3·39	4·28	3·11	3·79
5·33	4·68	3·95	3·63	4·12	3·98	4·70	5·36	4·51	3·82
3·55	3·47	c. 2·93	1·76	5·50	1·76	4·72	4·36	6·38	3·73
3·88	5·60	4·00	4·89	3·79	4·44	4·00	5·33	4·80	6·67

[a] The seed included a small admixture of drage.
[b] Wargrave only.

Appendix D

	1302	1305[a]	1306	1307	1308	1309	1310
Calbourne	//	//	//	//	//	//	//
Brighstone	//	//	//	//	//	//	//
Fareham	2·98	1·24	1·48	2·77	3·94	3·31	2·89
Bitterne	2·01	//	2·31	//	//	3·74	3·25
Waltham	4·00	1·92	1·95	2·66	3·78	2·46	4·04
Twyford	4·50	1·19	1·88	2·56	2·71	3·01	3·87
Stoke	4·73	3·23	3·03	3·68	3·77	3·80	4·23
East Meon	3·67	3·16	2·19	2·96	4·38	2·23	4·94
East Meon Church	2·58	3·53	3·25	—	—	3·00	5·08
Hambledon	3·79	2·71	1·84	3·25	3·86	2·97	5·15
Alresford	2·09	1·91	1·95	2·55	4·82	3·93	4·32
Beauworth	3·32	2·28	1·67	3·50	4·26	3·05	3·41
Cheriton	2·91	1·20	1·88	2·58	3·46	1·43	3·42
Sutton	//	1·10	3·01	1·97	2·58	2·06	3·69
Wield	3·03	1·95	2·35	2·61	3·32	2·53	4·51
Crawley	2·56	0·84	1·59	2·02	2·40	3·08	2·70
Mardon	4·23	2·20	3·25	5·22	4·45	3·44	3·36
Bentley	3·73	3·10	3·04	3·06	4·05	3·30	3·16
Farnham	2·88	3·17	1·67	2·92	3·43	4·50	3·82
Esher	//	4·24	//	//	4·62	—	2·81
Burghclere	2·59	1·89	3·07	2·88	2·38	3·68	2·99
High Clere	3·60	2·74	2·86	2·67	4·47	6·21	3·47
Ecchinswell	3·36	1·45	2·00	2·80	3·80	3·38	3·25
Ashmansworth	1·49	1·44	2·19	2·96	3·80	4·29	2·84
Woodhay	4·44	1·89	2·54	3·54	2·64	4·13	2·69
Overton	5·89	1·71	2·21	2·12	5·02	3·24	4·13
North Waltham	3·23	//	1·48	2·27	3·29	3·33	3·78
Brightwell	3·64	5·34	5·06	7·29	6·50	6·11	6·11
Harwell	4·24	//	//	//	5·60	6·21	6·01
Morton	2·20[b]	//	—	—	—	4·26	5·37
West Wycombe	1·99	2·93	3·19	2·10	4·04	4·93	3·53
Ivinghoe	2·69	—	—	—	—	—	—
Wargrave	3·70	3·56	3·72	3·22	4·14	5·18	3·87
Adderbury	—	—	—	—	—	—	—
Witney	4·48	//	2·50	4·23	3·71	3·01	5·23
Downton	3·31	1·99	3·18	3·77	3·83	3·14	5·34
Bishopstone	6·19	2·79	4·19	5·38	6·37	5·81	6·37
Knoyle	2·61	//	2·26	3·53	4·86	3·44	6·59
Fonthill	5·95	//	3·10	1·14	3·64	4·64	5·04
Taunton	5·79	//	5·62	—	5·00	—	5·39
Rimpton	3·73	4·63	6·85	4·33	—	5·38	—

[a] Calculated exactly from the marginal yield calculations in the account roll.
[b] The seed included a small admixture of drage.

Gross yields of barley per seed

1311	1312	1313	1314	1315	1316	1317	1318	1320[a]	1324[a]
//	//	//	//	//	//	//	//	//	//
//	//	//	//	//	//	//	//	//	//
2·69	4·39	4·07	4·19	4·40	4·71	3·53	4·83	3·98	3·44
3·42	3·44	3·54	3·38	2·25	2·61	2·20	2·51	3·18	3·10
2·80	3·82	3·04	2·72	2·59	1·96	2·28	3·75	3·81	//
4·29	3·56	3·67	3·71	//	//	//	//	3·50	3·88
3·85	3·97	4·86	4·32	3·58	1·56	//	//	2·27	3·00
5·53	4·06	5·04	4·46	2·84	1·00	3·35	4·87	4·12	5·06
5·03	4·12	5·00	4·88	2·44	0·74	2·56	2·29	4·00	//
5·39	4·42	5·00	4·01	3·61	3·14	3·03	4·99	4·97	4·53
3·70	4·50	4·43	4·57	3·29	3·69	3·57	4·69	9·69	3·50
2·89	3·06	3·41	3·55	2·35	2·64	2·61	3·42	3·00	3·00
2·03	2·83	2·80	3·12	2·68	1·80	2·47	4·24	3·31	4·53
2·68	3·50	4·13	3·18	3·18	4·23	3·27	3·81	2·72	4·00
3·22	3·41	3·31	2·51	2·89	//	2·37	3·79	3·33	2·00
2·81	3·18	3·30	3·01	3·05	3·01	3·54	4·01	3·46	4·04
3·17	2·90	3·09	4·09	2·80	2·75	2·85	3·50	3·27	3·22
3·12	3·38	2·33	2·40	1·67	3·00	2·00	2·25	2·00	4·00
3·88	3·23	3·86	4·14	4·07	2·04	2·00	2·80	3·00	2·50
3·78	4·25	2·33	1·52	1·40	1·26	//	//	—	2·56
2·98	3·97	3·13	2·83	2·70	2·00	2·00	3·18	3·34	//
3·94	4·34	3·72	3·00	2·83	1·44	3·00	3·78	4·10	4·27
2·93	3·73	3·42	2·29	2·20	0·94	2·00	4·22	2·97	4·00
4·46	3·86	1·84	1·27	2·68	0·88	2·00	4·71	3·15	3·50
2·31	3·75	3·49	//	3·03	2·03	2·26	3·42	//	4·71
4·48	4·04	3·00	3·01	2·18	3·03	3·59	3·16	4·18	//
3·23	2·87	2·59	2·00	2·95	2·66	2·00	3·91	2·50	3·00
2·88	6·62	2·64	4·57	5·00	4·29	4·68	4·55	4·56	3·95
5·92	6·25	6·49	1·04	3·93	4·04	4·65	4·48	4·84	4·27
4·89	4·37	5·35	2·80	3·11	1·23	2·00	2·62	—	3·52
3·48	5·19	4·70	2·73	1·86	1·57	2·52	2·61	3·00	3·35
6·56	5·14	6·39	5·10	3·46	2·10	3·57	4·81	3·00	—
4·11	4·06	4·32	2·23	3·25	2·52	2·52	2·92	4·79	3·99
—	—	—	—	—	—	—	—	—	—
4·62	5·61	4·98	4·30	4·57	//	//	4·00	4·63	2·13
4·68	5·49	c. 4·83	4·77	3·57	4·38	2·93	1·98	5·11	3·34
5·90	6·63	7·50	6·09	//	//	5·12	4·88	4·61	4·64
4·93	5·31	4·69	3·71	3·42	1·69	3·12	3·51	3·00	2·94
4·55	6·21	4·02	3·70	3·50	4·98	2·71	3·68	3·88	4·01
5·39	3·34	3·33	6·00	4·88	—	4·20	4·04	//	—
—	—	—	—	—	—	—	—	//	—

Appendix D

	1325	1326	1327	1328	1329	1330	1331
Calbourne	//	//	//	//	//	//	//
Brighstone	//	//	//	//	//	//	//
Fareham	5·13	3·40	3·39	3·19	3·51	3·98	2·27
Bitterne	3·58	3·40	4·65	3·64	4·07	3·60	5·16
Waltham	4·18	4·13	3·41	3·16	2·50	3·24	2·41
Twyford	3·47	2·45	2·72	2·93	3·60	2·85	1·22
Stoke	3·55	3·08	3·40	3·25	4·32	3·50	2·06
East Meon	5·11	3·96	3·15	3·10	3·50	2·70	2·39
East Meon Church	//	3·39	//	//	//	//	//
Hambledon	5·00	4·53	4·06	3·88	3·78	4·03	3·20
Alresford	3·65	3·04	4·19	3·08	3·48	1·15	2·38
Beauworth	3·78	4·76	3·31	2·57	3·86	2·95	2·19
Cheriton	3·00	3·09	3·51	3·77	4·00	3·53	1·83
Sutton	2·16	2·08	2·27	1·79	2·98	2·08	1·42
Wield	4·24	4·34	3·79	3·87	3·00	2·09	1·17
Crawley	3·67	2·30	2·50	2·48	3·75	2·98	2·44
Mardon	3·49	3·30	2·49	2·64	3·34	3·00	2·00
Bentley	3·65	5·33	4·54	2·33	4·91	3·63	—
Farnham	2·65	2·45	3·00	2·00	3·00	3·13	2·07
Esher	2·00	2·88	2·18	//	//	—	1·40
Burghclere	4·03	3·77	4·94	3·93	3·36	2·65	4·08
High Clere	6·52	5·06	4·54	3·97	4·19	3·67	4·21
Ecchinswell	4·05	4·13	4·00	2·96	3·79	2·63	3·53
Ashmansworth	3·86	3·27	3·28	2·11	4·23	3·85	2·82
Woodhay	4·96	3·67	3·69	4·22	4·58	2·69	4·30
Overton	3·55	3·89	3·55	4·11	3·24	2·36	1·80
North Waltham	4·00	2·57	5·62	3·41	3·00	3·25	2·06
Brightwell	6·73	6·79	8·07	6·67	6·51	5·72	5·07
Harwell	8·13	7·62	6·69	6·84	6·25	6·15	7·02
Morton	3·81	4·81	4·19	//	//	//	//
West Wycombe	3·00	3·82	3·04	2·70	3·51	//	//
Ivinghoe	5·32	7·84	5·22	7·08	6·91	—	2·35
Wargrave	3·82	7·57	4·45	3·91	5·09	4·04	5·01
Adderbury	—	—	—	—	—	—	—
Witney	3·59	3·89	3·58	3·26	3·41	3·90	3·87
Downton	3·43	2·27	2·12	3·11	4·13	4·59	5·48
Bishopstone	4·03	3·53	4·86	4·06	4·78	4·09	6·90
Knoyle	4·17	3·61	2·58	3·08	3·56	1·40	3·87
Fonthill	3·78	1·96	3·07	3·10	4·65	3·45	4·20
Taunton	6·33	—	1·95	—	4·00	3·36	—
Rimpton	—	5·89	4·75	1·94	6·63	—	—

1332	1335	1336	1337	1338	1339	1340	1341	1342	1343
//	//	//	//	//	//	//	//	//	//
//	//	//	//	//	//	//	//	//	//
3·59	3·43	2·43	2·77	3·44	3·38	3·33	3·95	3·56	4·47
3·71	2·28	2·14	5·14	4·51	5·45	3·41	3·27	3·87	2·83
2·90	3·30	3·20	3·46	4·22	3·87	3·18	2·37	3·17	3·17
2·31	2·14	2·36	3·31	2·85	4·47	1·98	2·27	2·61	1·87
3·02	2·53	3·02	4·06	4·65	3·23	2·91	2·71	3·49	2·37
3·06	2·96	3·27	4·23	4·25	3·56	3·50	2·92	3·92	3·21
//	2·63	4·44	1·97	3·85	2·03	3·24	3·25	2·35	2·42
3·87	3·82	4·24	5·00	4·15	3·56	4·60	4·26	5·11	4·53
3·52	//	3·00	3·25	4·89	2·98	2·91	2·21	3·19	1·78
3·01	2·56	2·62	3·41	4·69	2·59	2·73	2·15	2·78	2·44
3·07	2·48	2·69	3·72	3·83	3·64	2·62	2·19	3·43	3·28
2·51	2·61	2·42	2·86	4·97	3·74	2·84	2·16	4·21	3·13
2·72	2·24	3·20	3·17	3·42	3·94	2·74	2·19	3·22	4·06
2·85	3·17	2·67	2·69	3·80	3·68	3·61	2·82	3·34	3·32
2·56	2·97	2·89	3·29	2·39	2·98	2·79	4·43	2·77	3·23
//	3·50	2·94	4·31	6·00	3·04	2·79	2·50	3·27	4·30
3·09	3·57	3·72	5·07	4·35	4·25	4·27	4·58	3·98	5·63
//	—	2·28	2·70	—	—	—	//	//	—
3·11	3·33	3·38	5·01	6·37	2·31	2·19	3·19	5·20	2·82
3·88	4·63	4·54	4·92	6·27	4·43	4·40	5·33	5·52	4·60
3·50	4·15	3·57	4·47	6·04	4·29	5·35	4·40	4·41	4·14
2·55	2·65	2·59	3·18	2·49	2·59	4·29	3·92	3·93	2·88
3·66	2·69	3·74	4·31	4·98	3·28	3·29	4·27	6·07	4·22
2·86	3·04	2·25	3·59	4·09	3·31	2·13	3·22	2·88	3·14
2·94	2·96	3·11	3·83	4·98	2·76	2·79	3·48	2·96	2·11
//	6·74	5·57	6·99	6·09	6·01	4·80	5·72	4·85	5·41
//	7·07	6·68	7·01	6·56	6·22	5·63	6·51	6·85	5·41
//	—	—	—	—	—	—	—	—	4·94
//	—	—	—	—	—	—	—	—	—
6·30	—	—	6·21	4·95	4·84	13·11	3·83	—	5·36
4·04	4·29	4·53	3·58	5·31	5·10	2·53	3·46	3·97	4·07
//	—	—	—	—	—	—	—	—	—
//	4·94	3·51	5·91	5·96	3·87	3·85	3·94	5·03	4·50
4·00	2·50	4·42	6·23	5·76	5·56	3·82	4·02	6·34	4·14
4·19	3·44	4·93	6·45	5·88	5·38	6·11	5·13	5·47	5·15
4·03	3·06	3·62	3·99	3·93	3·57	3·08	4·49	3·80	3·61
3·16	3·46	4·20	3·86	4·13	2·88	3·64	4·76	3·63	4·64
4·13	—	—	—	8·75	6·86	—	7·37	3·94	—
—	—	—	—	—	—	—	—	4·34	5·06

	1344	1345	1346	1347	1348	1349
Calbourne	//	//	//	//	//	//
Brighstone	//	//	//	//	//	//
Fareham	2·48	4·75	3·36	3·44	4·37	2·02
Bitterne	4·23	4·06	2·13	2·90	5·21	3·35
Waltham	2·76	4·33	3·09	3·88	3·24	2·42
Twyford	1·71	1·62	1·63	3·23	2·67	1·86
Stoke	3·55	2·66	1·37	4·00	2·58	1·69
East Meon	4·70	2·63	1·39	3·04	2·90	2·78
East Meon Church	4·38	2·36	2·78	3·46	2·97	2·96
Hambledon	5·29	4·44	4·38	4·35	4·65	3·82
Alresford	3·40	1·97	3·08	3·04	3·36	1·26
Beauworth	3·62	2·26	1·53	3·93	2·67	1·59
Cheriton	2·48	1·99	2·07	2·85	2·30	2·07
Sutton	3·42	2·70	3·72	2·28	3·13	2·53
Wield	3·87	1·22	2·02	2·69	1·88	1·68
Crawley	2·84	2·75	3·14	3·33	3·25	3·00
Mardon	3·64	2·00	3·08	3·78	2·76	2·63
Bentley	4·11	3·00	4·76	5·82	6·93	4·36
Farnham	6·26	//	4·75	3·32	4·38	2·64
Esher	—	—	//	//	//	2·06
Burghclere	3·92	1·23	2·75	3·50	3·80	2·57
High Clere	5·71	4·05	4·45	5·10	4·15	3·42
Ecchinswell	5·70	3·27	2·89	4·37	3·86	2·41
Ashmansworth	3·40	1·44	1·88	2·98	2·46	1·66
Woodhay	4·07	2·58	4·69	3·27	3·65	2·89
Overton	2·92	1·38	3·23	3·23	2·85	2·59
North Waltham	2·77	1·17	2·15	2·53	3·04	1·20
Brightwell	5·43	6·68	5·34	5·90	5·26	4·64
Harwell	7·64	6·94	4·61	5·82	5·57	4·47
Morton	5·66	3·80	3·37	4·04	4·79	3·59
West Wycombe	—	—	—	—	—	—
Ivinghoe	6·41	//	//	6·08	—	4·31
Wargrave	4·80	4·85	3·45	3·98	4·82	2·45
Adderbury	—	—	—	—	—	—
Witney	6·21	5·21	2·19	4·66	4·97	2·02
Downton	4·43	3·94	3·51	2·55	4·02	1·82
Bishopstone	4·91	3·57	4·28	3·86	4·98	3·78
Knoyle	4·12	3·15	2·37	3·37	3·50	1·61
Fonthill	4·14	3·40	3·24	3·98	3·89	2·20
Taunton	—	—	—	4·52	4·76	1·29
Rimpton	6·63	4·57	—	3·45	5·27	2·87

E Gross yields of oats per seed

	1211	1218	1219	1220	1224	1225	1226
Calbourne	1·79	1·67	2·28	1·99	2·08	1·94	2·15
Brighstone							2·24
Fareham	2·43	2·31	3·00	2·41	3·08	2·77	2·72
Bitterne	2·22	2·53	2·69	2·02	2·52	2·89	//
Waltham	2·86	2·72	2·38	2·21	3·30	2·82	2·20
Twyford[a]	2·24	2·83	//	//	2·88	1·89	2·73
Stoke	3·37	3·44	2·24	2·80	4·25	3·14	2·71
East Meon	//	2·59	2·37	2·08	2·93	3·63	3·49
East Meon Church[b]	//	//	//	//	//	//	//
Hambledon	2·48	2·33	2·15	2·13	3·12	3·00	2·81
Alresford	1·71	//	2·06	1·90	1·95	1·55	2·47
Beauworth	1·62	2·03	1·90	1·66	1·69	//	//
Cheriton	1·91	2·06	2·18	1·74	1·92	1·33	//
Sutton	1·60	1·94	1·64	1·21	1·54	1·23	1·84
Wield	1·73	1·77	2·13	1·54	2·16	1·85	2·60
Crawley	2·96	2·12	2·23	1·71	1·96	1·62	2·29
Mardon	3·24	//	3·79	3·00	3·23	2·87	2·96
Bentley	2·71	1·73	1·52	1·58	1·97	//	//
Farnham[c]	1·71	2·67	1·84	2·60	//	//	//
Esher	//	//	//	//	//	//	//
Burghclere	2·30	2·53	//	3·09	3·21	3·04	2·98
High Clere		1·46	2·36	3·20	2·09	2·21	1·85
Ecchinswell	2·67	2·56	2·40	3·49	3·52	2·97	2·59
Ashmansworth	2·00	2·72	//	3·46	6·73	8·12	5·13
Woodhay[d]	3·22	4·11	//	//	//	4·15	4·24
Overton	2·28	//	2·45	3·16	3·01	1·97	2·38
North Waltham	1·53	//	3·78	2·42	3·00	2·65	//
Brightwell	3·19	1·38	2·82	1·95	1·66	2·29	1·03
Harwell	4·00	2·34	2·71	2·63	2·59	4·09	4·44
Morton	//	0·95	1·34	2·55	1·72	//	2·00
West Wycombe	2·24	//	2·55	3·33	3·39	4·05	3·30
Ivinghoe	//	//	1·67	//	//	//	1·81
Wargrave[e]	2·86	3·02	//	//	//	//	2·96
Adderbury	4·48	//	//	//	3·65	3·35	3·21
Witney	3·89	//	//	1·80	2·72	1·79	2·42
Downton[f]	3·52	3·22	3·25	//	3·35	2·08	//
Bishopstone	//	9·96	2·01	2·45	0·97	1·96	2·77
Knoyle	2·73	2·49	//	//	2·90	2·22	2·10
Fonthill	//	//	//	//	//	//	2·16
Taunton[g]	//	2·52	3·20	3·18	3·20	3·24	2·75
Rimpton	1·85	1·80	2·39	2·63	3·42	2·98	//

[a] With Marwell.
[b] The produce of the demesne is mixed up with the tithes at first.
[c] With Seal to 1285, without Seal from 1286.
[d] With Widehaia Tornes.
[e] Combined yields for Wargrave, Waltham St Lawrence and Culham.
[f] With Cowyck.
[g] Combined yields for all the sub-manors. The figures given here have been corrected for the produce of tenants' seed.

	1232	1236	1245	1246	1247	1248	1252
Calbourne	3·24	3·10	3·40	1·97	2·35	3·71	2·54
Brighstone	1·96	1·74	2·83	1·83	2·51	2·63	2·03
Fareham	3·10	2·50	2·85	3·25	3·27	2·91	2·32
Bitterne	3·04	3·86	2·96	2·20	1·80	2·17	1·93
Waltham	//	2·97	2·38	2·79	2·29	3·03	1·78
Twyford	1·13	2·33	2·37	2·65	2·80	2·23	2·92
Stoke	3·73	3·85	2·64	2·26	3·15	3·19	2·57
East Meon	2·88[a]	3·13[a]	2·76	3·56	3·25	3·98	4·00
East Meon Church	//	//	//	//	//	//	//
Hambledon	3·23	3·87	2·53	2·94	2·70	3·41	2·78
Alresford	2·64	3·03	1·81	1·97	1·94	2·17	2·26
Beauworth	2·20	2·54	2·39	2·12	2·27	2·02	2·05
Cheriton	2·69	2·96	2·22	2·27	2·32	1·49	//
Sutton	1·54	1·87	1·48	1·80	1·64	1·96	2·30
Wield	2·07	1·85	1·76	1·51	2·07	1·64	//
Crawley	2·11	2·29	1·71	2·49	1·86	2·72	1·55
Mardon	2·81	3·73	3·25	2·81	2·72	3·57	2·51
Bentley	3·84	2·70	2·01	1·77	1·95	1·24	2·62
Farnham	2·49	2·19	2·24	2·42	2·73[b]	2·10	2·89
Esher	//	2·59	1·64	//	//	1·65	1·12
Burghclere	//	3·29	2·23	2·96	3·48	4·08	3·58
High Clere	1·79	2·96	2·58	2·40	3·16	3·09	2·25
Ecchinswell	3·27	4·15	2·25	2·76	3·24	4·10	2·98
Ashmansworth	5·55	6·48	3·70	5·40	//	5·26	4·50
Woodhay	2·65	3·40	2·01	2·35	2·31	2·77	2·93
Overton	//	2·65	3·07	2·37	2·39	2·50	2·37
North Waltham	1·86	2·56	1·75	2·01	1·77	1·78	2·68
Brightwell	1·63	3·37	2·41	2·40	2·17	3·58	3·31
Harwell	3·52	3·76	—	—	—	—	—
Morton	//	1·74	1·50	2·92	2·30	2·85	2·02
West Wycombe	3·81	3·74	2·20	2·95	3·25	2·78	1·67
Ivinghoe	2·15	2·68	2·10	2·90	2·37	3·12	2·49
Wargrave	2·76	2·53	2·30	1·90	2·53	2·53	1·86
Adderbury	3·16	2·74	3·24	2·38	2·28	3·83	2·43
Witney	2·39	1·67	2·25	2·29	2·14	2·62	1·84
Downton	2·77	2·80	2·51	1·98	2·72	2·56	1·35
Bishopstone	2·49	1·97	1·61	1·54	1·60	2·48	1·94
Knoyle	2·16	1·80	1·95	2·31	1·99	//	1·79
Fonthill	//	2·39	2·20	2·55	2·00	//	1·38
Taunton	2·81	2·32	3·79	3·32	3·19	//	2·58
Rimpton	2·86	6·49	3·05	3·78	2·52	5·51	3·48

[a] I have subtracted tithes before calculating yields.
[b] Farnham only; produce at Seal was sold *in grosso*.

1253	1254	1257	1265	1268	1269	1270	1271	1272	1273
2·74	2·95	2·80	3·25	2·68	//	//	2·23	3·00	2·66
2·54	3·04	3·06	2·82	2·94	//	//	1·20	2·58	2·58
2·15	1·85	2·37	1·60	2·22	//	//	2·08	1·99	1·79
2·51	2·43	2·13	1·57	2·06	//	//	//	1·80	//
2·38	2·12	2·09	3·15	2·39	//	//	1·28	2·09	2·10
2·63	3·82	3·13	2·25	2·45	//	//	2·30	2·47	2·34
3·92	3·85	4·11	3·46	2·95	//	//	2·46	2·04	2·11
3·61	3·64	2·55	2·25	2·93	//	//	2·66	1·88	2·43
//	//	//	//	3·50	//	//	3·00	2·47	3·24
2·95	2·86	2·64	2·76	2·32	//	//	3·08	1·40	2·04
2·34	2·73	2·41	2·01	2·81	3·15	2·32	2·84	1·85	2·64
2·66	2·56	2·34	3·39	1·98	//	//	2·84	2·83	2·87
2·63	//	2·24	2·35	1·60	//	//	2·24	2·29	2·63
2·44	2·08	2·00	2·55	2·47	//	//	2·25	2·51	2·46
//	//	2·24	4·22	2·51	3·00	3·14	2·32	1·57	//
2·17	1·56	2·63	2·16	2·17	//	//	1·60	1·13	2·05
2·61	2·76	2·93	2·56	2·36	//	//	2·30	2·49	1·36
2·32	2·16	2·24	3·16	1·82	//	//	2·81	2·02	1·74
2·89	2·64	2·88	3·02	0·93	//	//	2·63	1·69	1·60
*c.*2·33	1·93	//	1·64	1·12	//	//	1·65	1·44	//
3·90	2·89	2·91	2·08	1·88	//	//	//	//	3·55
2·86	2·58	3·61	2·49	1·69	//	//	//	//	//
3·58	2·86	3·46	2·74	2·24	//	//	//	//	2·69
4·17	3·04	3·45	3·17	2·78	//	//	//	//	2·46
1·48	2·16	2·96	2·62	1·78	//	//	//	//	2·95
2·98	2·97	2·77	2·29	2·64	//	//	3·04	2·07	3·78
2·42	2·75	2·95	2·33	2·06	2·24	2·05	2·51	1·80	2·52
//	//	—	—	2·25	//	//	—	—	—
—	—	—	—	—	//	//	—	—	—
1·27	1·51	1·74	3·46	//	//	//	1·50	1·83	1·50
2·37	2·11	2·09	2·66	1·97	//	//	2·50	2·18	2·92
2·48	2·23	1·79	4·00	4·03	//	//	4·26	3·82	//
2·22	2·20	2·42	2·23	1·83	//	//	//	//	//
2·95	2·86	3·15	5·15	3·86	//	//	4·21	3·21	//
2·66	3·39	2·35	2·16	1·63	//	//	2·24	2·12	2·27
3·11	2·46	2·68	2·13	1·83	//	//	2·19	1·73	2·03
2·25	1·87	1·92	1·98	1·76	//	//	2·05	1·48	1·85
2·68	1·80	2·63	2·06	1·66	//	//	2·06	2·01	2·18
1·91	1·81	2·73	3·02	2·73	//	//	2·49	2·06	2·20
3·48	4·27	4·20	4·45	3·44	//	//	2·65	2·93	2·71
4·35	5·25	3·46	2·11	//	//	//	//	//	//

	1274	1277	1283	1284	1285	1286	1287
Calbourne	2·60	2·64	3·07	//	//	//	//
Brighstone	1·90	2·96	2·85	//	//	//	//
Fareham	1·54	1·39	1·96	2·12	2·29	2·04	2·06
Bitterne	//	1·46	2·21	1·70	1·04	1·38	1·74
Waltham	2·24	2·66	2·54	2·51	3·00	2·69	2·35
Twyford	2·14	3·11	1·96	1·67	1·70	1·54	1·67
Stoke	2·11	3·87	2·15	2·51	2·17	1·48	1·78
East Meon	2·26	2·42	2·59	2·36	1·59	1·60	1·99
East Meon Church	3·43	3·19	2·35	2·31	2·19	2·00	1·76
Hambledon	1·98	2·22	2·62	2·16	2·69	2·21	2·80
Alresford	2·46	3·18	2·34	2·00	3·78	2·78	2·01
Beauworth	2·68	3·17	2·12	2·38	3·06	1·36	2·00
Cheriton	2·37	2·44	1·86	2·26	2·18	1·50	1·33
Sutton	1·86	2·27	1·83	1·72	2·16	1·39	1·50
Wield	//	//	2·28	1·99	2·28	1·54	1·29
Crawley	2·03	2·42	1·35	1·56	2·38	1·62	1·76
Mardon	2·25	2·26	1·62	1·03	//	2·01	2·08
Bentley	1·72	2·32	1·71	1·40	1·41	1·33	0·83
Farnham	1·99	1·73	1·94	1·24	0·91	2·22	1·95
Esher	//	//	1·74	1·68	1·62	1·47	1·53
Burghclere	2·29	2·99	2·15	2·32	//	//	2·17
High Clere	2·58	2·81	2·61	2·47	//	//	2·84
Ecchinswell	2·17	2·58	2·59	2·46	//	//	2·28
Ashmansworth	3·11	3·52	//	2·36	//	//	2·77
Woodhay	2·36	2·94	2·58	1·80	//	//	2·40
Overton	3·47	4·67	2·54	2·43	2·56	2·16	2·32
North Waltham	2·52	2·78	2·28	2·89	2·63	2·14	2·56
Brightwell	—	—	—	—	—	—	—
Harwell	—	—	—	—	—	—	—
Morton	1·62	1·67	0·59	1·00	//	//	4·15
West Wycombe	2·07	2·19	2·13	2·28	2·70	1·69	2·15
Ivinghoe	//	1·67	1·59	2·01	1·79	1·36	3·10
Wargrave	//	1·46	1·99	1·73	0·95	1·54	1·82
Adderbury	//	3·13	3·10	3·02	2·21	2·29	3·21
Witney	1·96	2·10	1·69	2·64	2·74	1·97	2·49
Downton	2·12	2·09	1·66	1·84	2·42	2·30	1·35
Bishopstone	1·70	1·71	1·37	1·51	1·90	1·63	1·62
Knoyle	1·53	2·25	1·37	1·26	1·53	2·02	2·34
Fonthill	2·35	2·62	1·79	1·75	2·40	2·38	2·12
Taunton	2·65	2·77	3·79	2·88	3·42	3·30	2·77
Rimpton	//	//	3·42	2·99	2·60	2·35	2·33

1288	1289	1290	1291	1292	1297	1298	1299	1300	1301
//	//	//	//	//	//	//	//	//	//
//	//	//	//	//	//	//	//	//	//
2·14	2·19	2·08	2·34	2·22	1·15	1·76	1·81	1·89	1·27
1·35	1·83	//	//	1·91	1·36	1·86	1·72	1·25	1·70
2·53	2·03	1·68	1·32	1·54	1·92	2·29	1·75	2·04	2·05
1·73	2·70	//	//	2·34	1·83	2·48	2·69	2·70	2·55
2·60	2·49	//	//	2·34	1·79	2·41	1·97	2·05	2·39
1·80	1·81	2·00	2·31	1·51	2·39	2·79	2·84	2·57	2·35
2·82	2·43	1·78	1·81	2·56	2·82	3·23	2·17	3·01	2·77
2·48	2·68	//	//	3·07	1·94	2·27	2·14	2·33	2·01
1·82	1·77	1·73	0·82	2·08	2·25	1·98	2·12	1·97	2·19
2·40	2·12	1·97	1·43	//	2·14	2·27	//	//	2·57
2·08	1·63	1·47	0·81	1·64	//	//	//	//	1·97
1·76	1·53	1·50	0·53	1·53	//	//	1·69	1·77	1·82
1·72	1·90	2·31	1·03	1·79	2·46	2·28	2·30	3·18	2·77
2·12	1·59	2·16	1·16	1·52	1·89	1·65	1·55	2·20	1·86
2·24	2·01	1·95	1·70	1·58	2·25	1·79	1·82	1·80	1·90
1·61	2·20	1·95	1·65	//	1·89	1·83	1·31	1·61	1·53
2·58	2·21	2·48	2·52	//	3·32	1·77	2·00	1·96	1·74
1·62	1·56	1·45	1·68	//	1·75	2·08	1·70	1·92	2·13
2·69	2·40	1·84	1·80	//	1·90	1·69	1·98	2·08	2·21
2·95	1·70	2·75	3·61	//	2·67	//	2·60	2·91	1·78
2·63	1·90	1·62	2·36	1·26	1·81	1·56	1·64	2·79	2·24
3·03	2·30	2·19	2·57	1·57	1·94	2·14	2·27	2·69	1·77
3·44	2·25	1·86	3·30	1·95	2·58	2·33	c. 2·14	2·16	2·40
2·38	1·92	2·12	1·04	1·95	1·46	1·59	1·69	0·59	1·76
1·46	2·11	2·69	1·76	2·67	2·14	2·10	1·64	2·52	3·28
—	—	3·65	3·64	2·83	1·19	2·25	2·38	1·21	0·92
—	—	—	—	—	—	—	—	—	—
//	3·28	3·13	2·00	1·35	2·77	5·94	2·61	3·00	2·73
2·22	1·59	2·77	2·93	1·58	1·95	1·37	1·98	2·61	1·70
2·96	//	//	3·54	1·82	4·23	2·07	2·24	3·57	1·92
1·62	1·64[a]	2·44[b]	1·95	1·64	1·25	2·02	1·47	1·41	1·65
2·36	2·27	3·81	2·46	3·07	1·91	3·15	2·98	4·10	3·74
2·56	1·90	2·63	3·09	1·66	1·81	2·20	1·85	2·44	1·99
1·32	1·49	2·56	2·28	2·96	2·77	1·64	2·02	2·08	2·16
1·48	1·17	2·41	1·36	1·69	1·97	2·38	1·83	2·04	2·49
2·56	2·28	2·51	1·58	1·42	2·11	2·12	2·08	1·90	1·89
2·66	1·95	1·90	2·00	2·25	2·91	2·45	3·35	2·90	2·13
3·18	2·68	3·53	2·91	2·68	1·87	3·52	2·99	2·92	2·83
3·55	3·32	3·96	2·73	//	3·59	4·07	2·75	3·06	3·80

[a] Wargrave only.
[b] Wargrave only.

	1302	1305[a]	1306	1307	1308	1309	1310
Calbourne	//	//	//	//	//	//	//
Brighstone	//	//	//	//	//	//	//
Fareham	2·63	//	0·91	2·21	2·89	1·61	2·33
Bitterne	1·40	//	1·58	//	//	2·55	1·94
Waltham	2·24	//	1·89	2·03	2·52	2·07	1·91
Twyford	2·40	//	1·53	2·20	2·57	1·78	2·51
Stoke	3·12	//	1·92	2·39	3·00	2·26	2·51
East Meon	2·46	//	1·56	2·00	3·71	2·13	2·65
East Meon Church	1·72	//	2·23	1·80	3·38	1·67	2·27
Hambledon	2·69	//	1·75	2·43	2·66	2·20	2·53
Alresford	2·04	//	2·13	2·80	2·98	2·78	3·59
Beauworth	2·50	3·35	1·64	2·71	2·65	2·53	2·94
Cheriton	2·15	//	1·30	2·66	2·84	1·30	2·43
Sutton	//	//	1·72	2·54	2·47	1·15	2·52
Wield	2·71	3·64	2·48	2·28	3·27	2·62	3·03
Crawley	1·86	//	1·51	2·11	1·78	1·93	2·13
Mardon	2·08	//	1·88	1·14	2·77	1·75	1·93
Bentley	1·89	2·09	2·03	1·88	2·37	1·91	1·94
Farnham	2·04	1·62	1·50	2·23	2·85	1·95	3·53
Esher	//	//	//	//	2·92	1·26	1·72
Burghclere	1·68	1·91	2·07	1·68	2·32	1·32	2·01
High Clere	1·88	1·72	2·48	1·48	2·14	2·50	1·20
Ecchinswell	1·91	1·92	1·68	1·88	2·52	2·57	1·40
Ashmansworth	1·24	0·81	1·33	1·75	1·60	1·60	0·97
Woodhay	2·06	1·43	1·88	1·32	1·61	1·95	0·88
Overton	2·50	0·93	1·44	1·67	2·35	2·32	2·65
North Waltham	2·38	1·50	//	//	3·15	1·46	2·86
Brightwell	1·43	0·95	—	—	—	—	—
Harwell	—	—	—	—	—	1·25	1·13
Morton	2·67	—	—	—	—	—	—
West Wycombe	1·92	//	2·08	1·89	3·10	2·98	2·24
Ivinghoe	2·18	//	3·36	1·33	4·39	3·04	0·95
Wargrave	1·99	//	1·56	1·53	2·51	1·62	1·76
Adderbury	3·56	//	3·99	4·20	3·66	2·23	1·98
Witney	2·19	//	2·59	1·57	2·47	1·18	1·93
Downton	2·27	0·86	1·93	2·73	2·79	2·47	2·98
Bishopstone	3·34	1·87	2·54	3·11	4·37	2·59	3·29
Knoyle	2·51	//	2·32	1·73	2·43	1·48	2·24
Fonthill	2·57	//	2·21	2·00	2·31	2·33	2·17
Taunton	3·47	//	2·42	2·68	3·97	3·02	2·63
Rimpton	4·26	3·13	3·77	3·01	4·68	4·18	3·23

[a] Calculated exactly from the marginal yield calculations in the account rolls.

1311	1312	1313	1314	1315	1316	1317	1318	1320[a]	1324[a]
//	//	//	//	//	//	//	//	//	//
//	//	//	//	//	//	//	//	//	//
2·68	2·08	2·72	3·14	2·35	2·70	2·66	2·22	2·06	2·00
2·26	1·60	1·61	2·62	1·62	2·80	2·00	1·75	2·00	2·50
2·06	1·76	1·93	1·16	2·47	1·07	1·53	2·14	2·00	2·17
1·82	1·47	1·87	2·05	1·72	//	//	//	2·29	1·96
2·97	2·00	2·42	2·64	2·42	1·80	//	//	1·97	2·54
2·91	2·18	2·86	2·70	2·91	1·63	2·19	2·77	1·95	2·32
2·85	2·07	2·84	3·34	2·00	1·05	1·89	2·24	2·34	//
2·83	2·02	1·86	2·25	2·09	1·76	2·03	1·84	//	1·99
2·31	2·01	2·03	2·23	2·27	2·39	2·48	2·66	3·42	3·28
2·51	1·32	c. 1·98	2·46	2·00	1·46	1·31	2·17	2·77	1·04
2·21	1·58	2·01	2·04	1·99	1·95	1·65	1·89	//	2·71
2·10	1·75	2·04	2·23	2·49	1·60	1·67	1·80	2·06	2·50
3·05	2·21	2·21	2·45	2·50	//	1·90	2·11	2·12	2·00
1·63	1·91	1·67	1·95	1·78	1·62	1·87	2·12	2·69	2·44
2·12	1·30	1·46	1·88	1·83	1·54	1·83	1·83	2·00	2·30
1·98	1·66	0·89	1·19	1·24	1·14	1·49	2·35	2·28	2·33
2·63	2·63	2·87	2·89	1·69	2·24	1·50	2·02	//	2·00
1·48	2·09	1·29	1·64	1·61	1·15	//	//	2·38	//
1·43	1·28	1·25	1·27	1·22	0·89	1·50	2·00	//	2·40
1·81	1·15	1·23	//	1·04	1·16	1·77	2·46	1·96	2·18
2·28	1·51	1·22	1·57	1·82	0·93	1·75	2·54	2·26	2·50
2·03	0·86	1·23	1·98	1·30	0·99	1·50	1·90	1·92	2·92
1·35	0·78	1·10	//	1·08	1·00	1·21	2·12	2·03	2·86
1·93	1·88	1·57	2·00	2·27	1·41	2·10	1·70	2·80	2·50
2·54	1·57	1·82	1·74	2·15	1·31	1·42	1·69	2·10	//
—	—	—	—	—	—	—	—	—	—
1·00	1·33	—	—	—	—	—	—	—	3·00
—	—	—	—	1·89	—	—	—	—	—
2·06	1·23	1·69	2·08	1·60	1·57	1·73	3·21	1·86	2·00
3·53	2·46	1·02	2·71	1·03	2·17	2·49	3·86	2·83	3·85
1·85	1·01	1·39	1·02	1·29	1·40	1·03	1·69	//	//
2·43	2·87	3·60	2·79	//	0·92	2·32	2·38	3·70	2·47
2·13	2·07	2·04	2·58	2·55	1·87	1·89	2·00	2·25	2·61
2·64	2·80	2·68	2·29	3·10	2·18	2·25	2·62	3·67	2·00
3·55	2·50	3·24	3·72	//	//	2·50	//	//	//
2·83	2·06	2·44	2·05	1·71	0·86	1·94	2·18	//	3·93
2·25	1·57	1·92	1·67	1·76	1·65	1·64	1·90	2·34	2·50
4·11	//	3·02	3·26	3·63	3·14	3·27	2·48	//	3·10
4·71	4·56	3·58	3·23	4·57	2·10	2·10	2·71	//	2·88

Appendix E

	1325	1326	1327	1328	1329	1330	1331
Calbourne	//	//	//	//	//	//	//
Brighstone	//	//	//	//	//	//	//
Fareham	1·75	2·04	2·23	2·60	2·65	2·88	2·58
Bitterne	2·18	1·64	2·68	2·14	2·37	2·16	3·17
Waltham	1·88	2·50	3·86	2·24	2·38	2·16	2·14
Twyford	2·02	1·89	1·94	2·39	1·71	2·14	2·40
Stoke	2·81	2·08	1·89	2·26	1·95	2·85	2·97
East Meon	2·59	2·65	2·82	1·84	2·24	2·43	1·66
East Meon Church	//	1·95	//	//	//	//	//
Hambledon	2·21	1·94	2·38	1·82	2·44	2·34	1·37
Alresford	2·43	2·19	3·56	2·93	1·98	1·80	1·64
Beauworth	1·21	1·86	2·71	2·05	2·14	1·52	1·32
Cheriton	2·06	2·25	2·84	2·73	2·66	2·31	1·38
Sutton	1·49	1·37	2·33	1·82	1·89	1·44	1·18
Wield	2·28	1·98	2·98	2·21	2·00	1·24	1·05
Crawley	2·03	1·89	2·11	1·73	2·19	2·37	1·88
Mardon	2·00	1·62	1·92	1·94	2·12	1·25	2·42
Bentley	1·80	2·45	2·41	2·07	2·20	2·00	1·21
Farnham	2·00	2·04	2·20	1·94	2·00	2·25	1·60
Esher	2·00	2·36	*c.* 2·15	//	//	2·76	0·53
Burghclere	2·43	2·51	2·74	1·80	2·70	1·74	3·25
High Clere	3·01	2·57	2·92	1·58	2·29	1·25	2·25
Ecchinswell	3·04	2·53	2·94	0·83	2·52	2·20	3·99
Ashmansworth	2·41	2·27	2·21	2·29	2·78	1·31	2·42
Woodhay	2·79	2·25	2·28	1·98	2·29	1·43	2·65
Overton	2·50	2·45	2·59	3·29	2·20	1·90	1·54
North Waltham	1·95	1·83	3·58	3·08	2·03	1·93	1·45
Brightwell	—	—	—	—	—	—	—
Harwell	2·50	3·93	—	—	—	—	—
Morton	—	—	—	//	//	//	//
West Wycombe	//	2·04	3·06	2·51	2·01	//	//
Ivinghoe	2·03	4·14	5·52	3·08	3·40	3·30	0·88
Wargrave	2·68	1·83	1·70	1·88	1·50	1·89	4·49
Adderbury	2·55	3·11	3·48	2·70	4·73	4·40	1·35
Witney	2·51	1·64	1·93	1·94	2·86	2·06	2·81
Downton	2·99	1·50	2·38	2·56	2·48	2·76	3·06
Bishopstone	2·89	1·72	2·78	//	3·07	2·32	3·76
Knoyle	2·51	1·74	2·19	1·50	1·74	1·75	2·51
Fonthill	2·45	1·84	2·00	1·99	2·82	2·50	3·69
Taunton	3·03	2·92	2·87	2·46	2·19	2·49	4·20
Rimpton	4·07	3·45	3·40	2·25	2·63	3·92	3·48

1332	1335	1336	1337	1338	1339	1340	1341	1342	1343
//	//	//	//	//	//	//	//	//	//
//	//	//	//	//	//	//	//	//	//
2·46	2·46	2·13	1·80	1·94	1·19	1·53	2·54	2·52	2·63
1·92	2·56	1·00	2·70	3·44	2·28	1·86	2·77	2·48	2·26
1·94	2·32	2·32	2·44	2·56	0·90	1·98	1·29	2·26	2·34
2·31	1·99	1·81	2·00	1·34	0·92	1·40	1·64	1·91	1·58
2·35	2·62	2·63	3·04	3·19	1·27	2·42	2·08	2·75	2·49
2·35	2·57	2·43	2·14	2·36	1·20	2·02	2·55	2·44	2·40
//	2·33	1·91	2·60	2·64	1·33	1·76	2·12	1·48	1·75
2·69	3·52	2·35	2·60	2·15	1·27	1·92	2·47	1·88	2·51
2·17	1·97	1·55	1·92	2·26	1·46	1·43	1·83	2·36	1·68
1·95	1·58	1·21	1·34	2·31	1·40	1·29	1·31	2·38	1·68
2·31	1·70	1·63	1·62	1·88	1·42	1·31	1·48	1·98	2·13
1·77	1·95	1·59	1·90	2·00	1·58	1·70	2·44	2·32	2·02
1·70	1·54	1·74	1·75	2·11	1·42	1·55	1·55	2·72	2·35
2·37	2·53	1·69	1·81	1·99	2·07	1·72	1·97	2·26	2·34
1·68	1·41	1·34	1·47	2·10	0·95	1·11	1·52	2·00	1·75
//	1·67	1·94	2·27	3·00	1·37	1·81	2·41	2·96	2·16
2·41	2·53	2·12	2·38	3·80	1·59	—	2·04	3·26	3·63
//	2·09	2·11	2·59	3·06	2·23	2·64	//	//	1·64
2·42	2·10	2·10	3·01	2·37	1·16	1·55	2·09	2·51	1·78
2·27	1·97	2·25	2·30	2·19	1·75	2·25	2·29	2·62	1·74
3·09	2·71	2·62	2·68	2·43	2·09	2·36	2·63	2·95	2·00
2·01	1·86	1·63	1·88	1·55	1·47	1·77	2·60	2·53	1·57
2·11	2·00	1·98	1·80	2·22	1·08	1·30	1·93	2·60	1·69
2·18	1·99	1·59	1·71	2·80	1·71	1·03	2·82	2·20	2·23
1·81	1·99	1·57	2·51	2·28	1·52	1·70	1·85	2·04	1·89
—	—	—	—	—	—	—	—	6·13	4·75
—	—	2·53	2·19	3·06	2·29	1·66	1·42	2·83	1·73
//	3·08	3·57	3·31	5·17	2·16	2·78	3·72	3·88	1·88
//	1·32	2·21	2·10	2·15	1·57	2·02	1·71	2·86	2·41
3·25	2·63	2·62	1·97	3·72	2·42	2·06	3·12	3·42	1·51
2·33	2·12	2·59	1·54	2·20	1·68	1·51	1·08	1·69	1·78
//	6·05	4·75	5·51	4·67	4·25	2·71	2·44	3·97	3·36
//	2·38	1·99	1·97	1·77	1·57	0·92	1·83	2·18	1·50
2·57	2·07	2·96	4·34	3·43	2·84	2·73	2·84	3·27	2·89
2·32	2·02	2·53	3·52	2·91	2·43	2·08	2·37	1·63	2·07
2·28	2·04	2·05	1·87	2·61	1·43	2·08	1·97	1·82	1·53
2·79	2·15	1·97	1·54	1·56	1·88	1·57	1·95	2·48	3·10
2·42	4·23	3·84	2·75	3·54	3·16	3·52	3·55	3·64	2·97
3·26	3·43	5·94	3·35	3·99	4·00	3·41	2·24	4·40	2·91

	1344	1345	1346	1347	1348	1349
Calbourne	//	//	//	//	//	//
Brighstone	//	//	//	//	//	//
Fareham	2·07	1·72	2·49	2·54	//	0·84
Bitterne	2·61	0·86	1·77	2·22	2·09	1·52
Waltham	2·72	1·78	2·40	2·72	2·03	1·72
Twyford	1·42	0·67	2·19	2·20	1·75	1·08
Stoke	2·76	1·21	2·86	3·06	//	2·17
East Meon	2·88	1·88	2·13	3·09	2·31	1·92
East Meon Church	2·53	1·79	1·66	2·37	2·84	1·36
Hambledon	2·11	1·76	2·24	3·82	2·82	1·86
Alresford	1·50	1·53	2·81	3·07	3·00	1·41
Beauworth	1·70	1·06	1·60	2·61	1·30	1·75
Cheriton	2·00	1·08	1·75	2·33	1·38	0·41
Sutton	2·06	1·76	2·43	2·79	2·02	1·84
Wield	3·08	1·96	2·03	2·44	1·72	0·79
Crawley	2·40	1·81	2·74	2·29	2·61	2·11
Mardon	1·86	0·91	2·13	2·12	1·79	1·41
Bentley	2·57	2·08	1·99	2·84	3·43	1·08
Farnham	2·95	//	2·00	1·82	3·40	1·80
Esher	1·30	1·68	//	//	1·53	1·00
Burghclere	2·60	0·65	2·05	2·91	1·57	0·63
High Clere	2·65	1·01	2·55	2·68	2·22	0·59
Ecchinswell	3·24	1·34	2·49	3·69	2·04	2·15
Ashmansworth	1·99	0·53	2·71	3·39	1·88	0·65
Woodhay	1·85	1·11	1·73	1·88	1·72	1·19
Overton	2·17	1·39	2·35	2·79	1·89	0·54
North Waltham	1·93	1·09	2·29	2·06	2·42	1·15
Brightwell	2·88	2·70	2·65	2·40	5·20	0·55
Harwell	1·94	1·17	1·85	2·52	4·48	2·43
Morton	1·53	1·70	1·19	2·53	3·50	1·33
West Wycombe	2·41	1·25	2·82	2·12	2·70	2·47
Ivinghoe	3·60	1·75	1·85	2·32	3·13	1·43
Wargrave	1·78	1·33	1·63	2·08	1·81	1·53
Adderbury	2·85	3·16	3·49	2·56	2·72	1·45
Witney	1·50	0·60	1·78	2·02	2·69	1·23
Downton	3·04	1·50	3·27	2·11	4·23	2·38
Bishopstone	2·00	1·72	2·15	2·15	2·18	2·74
Knoyle	2·04	1·19	1·49	1·38	1·59	1·22
Fonthill	2·25	2·16	3·41	2·44	2·35	1·80
Taunton	3·53	1·59	2·01	4·74	2·54	2·04
Rimpton	3·84	1·32	2·86	3·37	4·42	2·83

F *Gross yields of mancorn, rye and drage per seed*

	1211	1218	1219	1220	1224	1225	1226	1232
Mancorn								
Burghclere	*c.* 2·71	2·85	4·57	//	4·59	2·22	3·73	//
High Clere	3·71	2·02	3·91	5·05	4·64	//	4·12	3·42
Ecchinswell	—	—	//	7·93	5·04	3·09	//	2·37
Ashmansworth	2·30	3·00	//	6·61	//	//	//	—
Woodhay	4·56	//	//	//	//	//	//	3·50
Overton	2·38	//	3·86	3·37	1·82	1·45	2·12	3·89
North Waltham	3·29	//	2·21	3·46	1·81	0·28	//	1·68
West Wycombe	2·14	//	4·08	12·46	3·05	2·63	4·66	6·75
Wargrave	3·42	//	//	//	//	//	2·44[a]	//
Fonthill	//	//	//	//	//	//	//	//
Rye								
Brightwell	—	—	—	—	—	—	—	—
Adderbury	3·92	//	//	//	2·94	2·90	2·95	—
Taunton	//	3·55	4·41	3·70	3·24	7·49	4·65	4·62
Drage								
Brightwell	—	—	—	—	—	—	—	2·81
Harwell	—	—	—	—	—	—	4·85	4·23
Adderbury	—	—	—	—	—	—	—	—
Witney	—	—	—	—	4·67	3·69	3·57	—

[a] Culham and Waltham only.

	1236	1245	1246	1247	1248	1252	1253	1254
Mancorn								
Burghclere	4·96	4·28	3·39	3·00	4·71	2·88	2·13	4·77
High Clere	5·34	3·55	2·06	2·69	1·80	2·97	2·61	3·42
Ecchinswell	6·81	4·05	3·21	//	6·88	4·50	//	6·73
Ashmansworth	8·23	11·84	6·73	//	8·17	4·63	4·80	3·70
Woodhay	4·84	3·85	2·53	3·30	3·41	4·81	3·35	4·38
Overton	4·14	2·76	1·23	5·25	1·57	3·27	2·91	3·10
North Waltham	2·47	3·38	1·38	3·46	2·11	3·86	2·44	3·63
West Wycombe	8·12	4·11	3·52	3·04	3·79	3·45	//	//
Wargrave	3·03	3·82	3·98	5·36	4·18	3·47	4·23	2·53[a]
Fonthill	3·29	3·59	2·48	2·72	1·16	2·45	1·74	//
Rye								
Brightwell	10·98	6·55	6·88	3·45	7·35	6·59	4·27	4·21
Adderbury	3·61	4·13	4·30	3·32	3·95	3·84	3·62	4·82
Taunton	3·58	8·17	5·53	6·39	8·03	6·66	7·95	6·71
Drage								
Brightwell	4·70	2·01	3·16	2·92	2·95	2·08	//	0·83
Harwell	//	3·41	4·75	2·77	2·85	2·30	3·12	*c.* 3·53
Adderbury	—	4·82	—	—	—	—	—	—
Witney	—	—	4·39	4·26	3·28	2·33	—	—

[a] Culham and Waltham only.

Mancorn, rye, drage : yields per seed

1257	1265	1268	1271	1272	1273	1274	1277	1283	1284
4·53	3·03	3·08	//	//	2·95	3·49	4·00	2·41	2·23
//	3·14	2·65	//	//	2·49	2·20	2·54	2·01	2·34
5·25	4·13	5·71	//	//	2·92	8·44	6·88	3·61	3·18
4·21	4·58	3·01	//	//	3·34	2·40	3·90	//	2·23
4·55	3·70	2·42	//	//	2·43	2·96	2·38	2·40	3·21
2·87	3·05	2·58	2·37	3·35	3·38	5·00	5·42	2·90	3·61
3·63	2·44	2·85	1·86	3·39	3·56	3·95	3·80	1·73	3·64
1·83	3·45	3·25	3·57	4·52	2·85	3·46	3·69	2·41	3·32
3·00	3·72	3·15	//	//	//	//	3·31	2·99	1·76
3·75	3·53	3·00	2·43	2·56	3·25	2·50	2·00	2·80	3·15
4·61	4·76	4·86	4·11	4·34	3·52	4·34	4·10	4·31	5·40
3·60	6·16	6·83	5·28	5·69	//	//	5·92	2·69	2·90
6·52	4·92	5·67	3·04	4·40	4·21	4·27	6·07	1·27	2·12
2·38	1·60	3·26	3·13	2·69	1·37	3·92	4·33	3·53	2·59
2·41	2·95	3·08	2·22	3·98	2·82	2·69	2·15	2·72	//
—	6·48	5·48	6·93	6·08	//	//	6·07	3·27	3·56
3·42	2·83	3·50	3·22	3·05	2·80	2·92	—	2·31	—

Appendix F

	1285	1286	1287	1288	1289	1290	1291	1292
Mancorn								
Burghclere	//	//	3·87	4·24	2·52	2·09	2·11	//
High Clere	//	//	3·30	2·80	2·02	2·28	2·56	//
Ecchinswell	//	//	4·34	5·70	2·54	1·99	3·02	3·80
Ashmansworth	//	//	3·82	2·41	1·99	1·85	2·79	2·55
Woodhay	//	//	3·43	2·17	2·34	2·19	1·78	3·25
Overton	3·94	3·60	4·43	3·00	1·63	2·00	2·44	2·83
North Waltham	3·14	2·59	2·63	2·55	1·46	2·22	1·88	1·37
West Wycombe	2·59	1·98	4·89	1·99	1·45	2·28	2·71	2·15
Wargrave	2·22	2·73	3·31	3·47	//	//	3·27	3·40
Fonthill	3·41	3·41	4·68	4·34	2·50	3·29	4·60	3·40
Rye								
Brightwell	3·44	1·92	5·13	4·47	3·84	4·63	4·06	4·45
Adderbury	3·05	3·25	3·31	3·76	3·60	3·46	3·74	3·75
Taunton	3·14	3·26	3·31	5·52	5·55	3·06	3·47	6·25
Drage								
Brightwell	1·84	1·18	4·58	3·05	2·60	2·22	3·51	2·16
Harwell	//	1·57	2·62	2·44	1·92	2·11	1·78	//
Adderbury	2·56	3·01	3·93	2·90	2·75	1·63	2·68	1·53
Witney	—	2·64	—	—	2·85	//	//	4·08

1297	1298	1299	1300	1301	1302	1305[a]	1306	1307	1308
2·01	2·25	2·63	3·39	2·51	5·34	3·95	0·57	3·18	2·99
0·91	3·82	2·11	2·65	1·67	3·67	1·68	0·72	1·67	2·09
2·78	4·19	2·00	4·45	5·10	2·00	1·09	1·00	6·81	2·19
0·87	2·86	2·94	2·98	2·12	2·89	1·91	0·80	1·23	1·84
1·40	2·66	2·02	0·92	3·86	2·99	1·26	0·43	2·03	2·66
2·86	3·09	3·05	2·91	5·36	4·53	2·18	1·97	2·95	2·31
2·15	2·43	2·27	3·07	3·70	2·86	2·58	1·63	2·21	3·05
1·97	1·90	2·47	2·96	1·66	2·06	3·84	1·39	2·11	2·88
2·88	3·61	3·05	2·97	3·38	3·11	3·68	3·04	4·30	2·09
2·67	4·65	5·00	4·11	2·50	2·71	//	1·24	2·10	1·98
3·08	4·11	4·12	4·25	3·76	4·00	4·52	5·78	3·94	5·16
3·38	3·00	3·32	4·04	4·80	3·59	4·50	5·84	5·99	4·56
1·79	2·98	2·56	1·60	3·10	3·23	//	5·72	—	5·50
1·71	1·90	2·97	3·04	3·01	2·06	2·65	3·65	3·53	6·18
1·08	1·79	1·85	2·77	2·79	2·74	//	//	//	3·57
1·67	2·43	2·69	3·32	3·94	5·98	//	4·88	4·32	3·29
2·48	1·78	2·69	3·18	3·18	2·52	//	2·97	2·86	1·81

[a] Calculated exactly from the marginal yield calculations in the account rolls.

Appendix F

	1309	1310	1311	1312	1313	1314	1315	1316
Mancorn								
Burghclere	2·82	0·82	8·44	3·15	3·34	6·78	2·89	0·89
High Clere	4·21	1·44	4·46	2·23	2·60	2·17	1·36	1·65
Ecchinswell	4·05	2·21	3·44	4·70	5·64	3·63	4·19	2·29
Ashmansworth	2·45	1·82	3·11	2·16	2·64	2·63	1·08	0·37
Woodhay	2·01	0·97	2·33	1·95	1·63	1·96	1·80	2·20
Overton	3·58	0·99	3·08	2·48	2·43	2·25	1·99	1·36
North Waltham	1·86	1·54	3·25	2·66	1·99	2·74	1·98	0·90
West Wycombe	2·83	2·52	3·51	2·72	2·86	2·51	1·63	1·23
Wargrave	3·65	3·71	3·10	3·62	3·57	2·41	2·35	2·17
Fonthill	2·84	2·37	2·04	2·34	2·83	2·43	2·42	1·07
Rye								
Brightwell	4·33	5·01	5·17	5·49	4·59	3·66	4·13	3·81
Adderbury	4·62	4·29	3·71	4·51	4·92	3·20	2·64	2·01
Taunton	3·49	3·83	2·03	4·68	4·91	2·11	5·24	1·67
Drage								
Brightwell	1·25	3·81	3·12	4·03	3·26	3·89	2·81	2·11
Harwell	0·64	4·63	3·86	5·02	3·54	2·64	1·72	1·74
Adderbury	4·42	3·93	4·17	3·04	3·78	3·95	3·53	2·10
Witney	2·30	3·27	2·79	3·60	2·76	1·81	1·79	//

1317	1318	1320[a]	1324[a]	1325	1326	1327	1328	1329	1330
—	3·00	2·47	3·10	5·39	5·75	3·21	3·25	3·07	2·86
2·00	2·86	3·94	3·00	2·28	5·87	3·80	1·64	3·35	3·21
2·24	3·19	3·41	3·00	6·47	5·24	3·56	3·97	4·11	4·11
1·98	2·97	3·72	3·43	3·29	2·78	2·59	3·00	4·33	2·36
1·85	2·58	//	3·03	4·46	3·24	3·34	3·00	3·82	1·80
1·42	3·35	2·80	3·41	3·37	2·94	3·32	3·22	3·69	2·26
2·00	2·24	2·80	2·84	2·36	0·84	3·01	2·59	2·68	1·99
1·64	2·32	3·65	2·54	3·50	5·29	2·98	2·17	3·51	//
2·36	3·27	3·54	2·86	4·13	4·79	5·61	3·66	2·97	5·04
1·20	//	//	3·09	3·33	0·31	2·69	4·17	4·09	3·33
3·40	3·59	4·34	4·07	2·89	5·03	3·89	5·55	5·05	4·81
3·81	3·50	5·03	2·50	4·35	3·44	3·27	4·82	4·87	3·81
2·43	6·16	//	//	—	6·13	7·10	7·35	4·88	4·65
1·58	2·66	2·49	2·80	3·20	4·80	5·55	3·66	4·97	3·16
2·00	2·55	2·81	4·34	3·00	4·06	3·89	2·70	3·71	1·89
3·00	2·50	3·45	1·45	4·10	3·33	4·31	2·84	4·47	3·97
//	2·50	3·99	3·14	4·06	1·88	3·27	2·20	3·04	3·07

[a] Calculated exactly from the marginal yield calculations in the account rolls.

	1331	1332	1335	1336	1337	1338	1339	1340
Mancorn								
Burghclere	3·75	2·00	4·92	2·37	6·28	5·12	1·46	2·66
High Clere	2·87	3·21	3·36	2·53	4·22	4·03	0·57	2·88
Ecchinswell	3·78	4·00	4·08	6·83	10·17	6·54	2·67	5·39
Ashmansworth	2·71	2·26	1·94	0·73	3·95	2·83	0·78	2·93
Woodhay	3·00	2·97	3·15	2·79	3·92	2·92	1·56	2·85
Overton	2·38	3·25	2·82	1·95	1·75	2·23	1·76	2·36
North Waltham	1·14	2·68	2·62	2·47	3·51	3·24	1·47	3·89
West Wycombe	//	//	2·51	2·37	2·79	3·94	1·26	4·18
Wargrave	2·74	4·58	2·81	3·45	4·41	2·70	1·91	3·16
Fonthill	3·00	3·60	0·30	2·78	4·00	3·39	0·36	1·44
Rye								
Brightwell	4·63	4·42	5·18	6·18	4·21	4·60	4·60	7·26
Adderbury	2·05	//	5·11	5·44	6·43	2·78	3·59	3·94
Taunton	—	3·50	4·22	—	—	7·75	—	—
Drage								
Brightwell	3·69	//	3·03	4·20	4·92	4·27	5·11	3·26
Harwell	5·43	//	2·82	2·61	2·43	4·11	4·61	2·45
Adderbury	2·61	//	4·90	5·04	5·07	4·84	3·64	3·01
Witney	3·42	//	2·84	2·69	3·89	4·02	2·29	1·30

1341	1342	1343	1344	1345	1346	1347	1348	1349
5·72	4·35	3·76	5·34	4·84	2·66	3·39	0·79	2·66
2·91	2·50	2·61	4·18	2·65	2·24	3·34	2·88	1·80
4·40	4·48	5·14	6·67	7·45	6·14	4·27	6·00	3·47
2·68	1·15	2·43	1·48	0·83	1·54	2·83	2·72	1·30
3·59	3·11	2·64	2·62	1·67	1·95	2·59	2·46	1·83
2·27	1·60	2·06	2·87	3·04	2·67	1·99	1·91	0·64
2·25	3·70	2·92	2·30	2·17	2·88	1·77	2·37	1·85
3·02	2·36	2·04	3·99	2·72	1·72	1·82	2·75	2·06
2·73	2·71	2·62	3·61	4·58	2·33	2·36	3·27	1·71
3·54	2·18	2·40	2·31	2·33	3·50	1·50	2·33	—
3·61	5·76	4·09	5·11	5·25	3·11	4·07	5·67	2·91
2·95	3·05	4·50	3·57	4·07	2·58	2·96	3·76	1·64
3·44	—	—	6·51	—	—	—	—	—
3·15	4·08	3·98	4·88	4·83	5·54	3·23	4·25	2·75
3·38	3·78	3·58	3·16	4·48	2·96	2·88	2·68	2·94
4·32	3·03	4·49	4·26	4·60	2·84	3·89	4·31	1·86
2·23	2·65	2·77	2·51	2·17	1·85	2·78	3·20	1·62

G Gross yields of wheat per acre[a]

	(in quarters)						
	1211	1218	1219	1220	1224	1225	1226
Calbourne							
Brighstone							
Fareham							
Bitterne							
Waltham							
Twyford	0·88	0·90	//	//	1·17	1·12	0·86
Stoke							
East Meon							
East Meon Church[b]							
Hambledon							
Alresford							
Beauworth							
Cheriton							
Sutton							
Wield							
Crawley							
Mardon							
Bentley							
Farnham[c]							
Esher	//	//	//	//	//	//	//
Burghclere					1·18		
High Clere					0·76		
Ecchinswell					1·03		
Ashmansworth					//		
Woodhay[d]					//		
Overton							
North Waltham							
Brightwell							
Harwell							
Morton	//	0·80	0·62	0·78	0·73	//	1·09
West Wycombe	1·68	//	1·84	1·84	1·21	1·32	1·15
Ivinghoe	//	//	1·78	1·41	//	0·57	0·78
Wargrave[e]							
Adderbury							
Witney							
Downton[f]	1·13	0·92	1·23	1·17	0·85	0·90	0·53
Bishopstone							
Knoyle							
Fonthill							
Taunton[g]	0·76	0·82	0·83	1·04	0·87	1·04	0·68
Rimpton	1·18	0·62	0·78	0·50	0·80	1·25	//

[a] Blank spaces represent years in which acreages are expressed in customary acres.
[b] The produce of the demesne is at first mixed up with the tithes.
[c] With Seal to 1285, without Seal from 1286. [d] With Widehaia Tornes.
[e] Combined figures for Wargrave, Culham, and Waltham St Lawrence.
[f] With Cowyck. [g] Combined figures for all the sub-manors.

Gross yields of wheat per acre

1232	1236	1245	1246	1247	1248	1252	1253	1254	1257
1·02	1·66	1·16	1·09	1·11	1·46	1·03	0·80	0·95	0·90
1·38	1·53	1·04	0·84	0·95	1·28	0·90	0·72	0·61	1·01
1·19	0·96	1·18	0·98	1·08	1·27	0·99	0·83	0·65	0·95
1·50	1·29	1·50	1·15	1·21	1·04	0·66	1·65	0·98	1·05
//	1·18	0·80	1·07	1·32	1·01	0·81	0·96	0·88	0·63
1·84	0·94	0·95	0·96	0·89	1·32	1·37	1·49	1·34	0·63
1·53	//	1·28	1·74	0·96	1·77	1·61	//	1·01	0·71
1·61	2·09	2·16	1·74	1·64	2·22	2·58	2·18	1·78	1·50
//	//	//	//	//	//	//	//	//	//
1·99	1·19	0·94	1·02	1·20	1·48	1·09	1·01	1·09	0·96
1·51	1·37	0·80	0·70	0·51	1·39	1·39	1·00	1·09	0·69
1·08	1·21	1·11	1·60	1·06	2·10	1·73	1·76	1·74	1·22
1·34	1·23	1·46	1·18	1·16	1·35	1·22	1·08	0·57	0·84
0·87	0·79	0·83	0·61	0·80	0·95	0·94	0·71	0·90	0·90
1·43	1·36	0·75	0·79	0·79	1·18	1·19	//	//	0·97
1·63	1·28		1·24	1·91	1·10	1·07	1·12	1·30	1·33
1·69	1·11	1·09	1·00	1·29	1·47	1·56	1·57	1·66	1·45
1·86	1·68	1·16	1·43	1·53	1·73	1·52	0·97	1·23	1·06
1·45	1·49	0·95	1·04	//	1·22	0·92	1·23	1·34	1·14
//	//	//	//	//	//	//	0·75	0·70	//
//	1·69	1·27	1·23	1·34	2·02	1·38	2·25	1·77	1·27
1·40	2·08	1·08	0·73	1·01	1·46	1·15	0·56	0·75	//
2·19	1·73	1·72	1·08	1·51	1·85	1·67	1·22	1·27	2·05
1·46	3·40	2·43	—	—	1·92	—	0·84	1·58	1·19
1·60	1·91	1·53	0·65	1·00	1·20	0·96	0·83	1·25	1·40
1·97	1·66	1·87	0·54	1·05	1·38	1·67	1·67	1·09	1·14
1·74	1·84	1·23	0·96	1·54	1·32	1·61	1·51	1·28	1·19
1·46	2·15	//	1·25	1·20	1·80	1·36	1·96	1·75	1·24
1·08	//	//	1·39	1·49	1·50	1·22	1·17	1·11	0·86
//	2·06	2·12	1·24	0·90	1·58	1·00	//	1·15	0·75
1·63	1·41	1·28	1·07	0·93	1·64	0·88	1·08	//	0·90
1·61	2·06	2·04	1·24	1·00	2·25	2·17	1·20	1·83	1·31
//	1·81	2·38	1·57	2·08	2·31	1·31	1·84	1·68	1·49
//	//	//	1·10	//	1·45	1·32	1·10	1·78	1·15
//	1·31	1·29	0·77	0·93	1·34	0·77	1·14	1·25	0·96
0·91	0·93	0·66	0·70	0·64	1·04	0·79	1·26	0·83	1·00
1·35	1·01	0·36	0·33	0·54	0·73	1·20	1·69	1·14	//
	1·15	0·77	0·88	0·97	//	1·23	0·92	1·05	1·07
	1·35	1·11	0·56	0·74	//	0·82	0·86	1·30	1·09
1·07	0·85	1·02	1·15	1·03	//	1·09	1·77	1·62	1·56
1·52	1·94	1·20	1·00	0·98	0·85	1·55	1·20	1·59	0·79

Appendix G

	1265	1268	1269	1270	1271	1272	1273
Calbourne	1·06	1·17	//	//	1·13	1·47	1·21
Brighstone	0·90	1·08	//	//	0·78	1·16	1·03
Fareham	0·94	1·42	//	//	0·73	0·90	1·03
Bitterne	0·89	0·95	//	//	0·95	1·62	//
Waltham	1·07	1·30	//	//	0·78	1·26	0·95
Twyford	1·09	0·90	//	//	0·98	0·98	0·99
Stoke	1·21	1·41	//	//	1·37	1·27	1·35
East Meon	1·32	1·72	//	//	1·54	2·65	2·06
East Meon Church	//	//	//	//	1·00	2·23	1·51
Hambledon	1·07	1·21	//	//	0·79	1·60	0·92
Alresford	0·67	1·35	0·87	1·19	0·95	2·07	1·19
Beauworth	1·81	1·33	//	//	1·16	1·98	1·87
Cheriton	0·87	0·83	//	//	0·98	0·79	1·08
Sutton	0·99	0·98	//	//	0·53	1·40	0·95
Wield	1·78	1·27	1·13	1·18	0·84	1·50	//
Crawley	1·21	1·02	//	//	0·64	1·32	1·07
Mardon	1·31	1·10	//	//	1·07	1·01	0·92
Bentley	2·16	1·20	//	//	1·79	1·89	1·69
Farnham	1·59	1·04	//	//	1·25	1·45	0·66
Esher	0·88	0·36	//	//	0·31	0·50	0·38
Burghclere	1·51	1·29	//	//	//	//	1·18
High Clere	1·24	0·90	//	//	//	//	0·70
Ecchinswell	1·26	1·79	//	//	//	//	1·13
Ashmansworth	0·98	0·65	//	//	//	//	0·62
Woodhay	1·01	1·03	//	//	//	//	0·88
Overton	1·60	0·93	//	//	1·27	2·16	1·27
North Waltham	1·47	1·31	1·36	1·12	1·34	2·16	1·25
Brightwell	1·51	1·42	//	//	1·56	1·57	0·92
Harwell	1·29	1·15	//	//	1·27	1·60	1·06
Morton	1·63	//	//	//	1·14	0·95	0·99
West Wycombe	1·08	0·82	//	//	1·03	1·62	1·03
Ivinghoe	1·76	2·26	//	//	1·99	3·10	//
Wargrave	1·63	1·73	//	//	//	//	//
Adderbury	1·33	1·61	//	//	1·22	1·40	//
Witney	0·91	1·07	//	//	1·02	1·04	0·83
Downton	0·58	0·57	//	//	0·57	0·65	0·52
Bishopstone	0·90	0·69	//	//	0·71	0·98	0·91
Knoyle	1·24	0·99	//	//	0·96	1·75	0·97
Fonthill	1·22	1·13	//	//	0·95	1·53	0·92
Taunton	1·31	1·41	//	//	1·19	1·37	0·89
Rimpton	0·68	//	//	//	//	//	//

1274	1277	1283	1284	1285	1286	1287	1288	1289	1290
0·98	1·18	0·75	//	//	//	//	//	//	//
0·95	0·92	0·63	//	//	//	//	//	//	//
1·10	1·14	0·66	0·77	0·92	0·73	0·86	0·87	0·97	0·94
//	//	0·99	0·72	1·25	0·85	1·20	1·12	0·81	//
1·21	1·41	0·97	1·28	1·07	1·28	2·44	1·51	0·78	0·98
0·84	1·31	//	//	//	//	//	//	//	//
1·22	1·66	//	//	//	//	//	//	//	//
1·84	2·07	1·39	1·43	1·11	1·63	1·83	1·94	1·18	1·16
1·04	1·50	1·10	1·21	1·21	1·23	1·54	1·69	1·25	1·06
0·54	0·91	0·99	0·96	1·28	1·29	1·19	1·16	1·17	//
1·63	1·45	0·79	1·06	1·06	1·30	1·07	0·98	0·83	0·68
1·31	2·10	1·14	1·56	1·11	1·33	1·80	1·74	0·98	1·08
1·01	1·30	0·97	1·07	1·05	1·07	1·29	1·37	0·45	1·02
0·68	1·17	0·74	0·95	1·17	0·69	1·50	1·23	0·78	0·88
//	//	0·96	1·21	1·11	1·00	1·09	1·25	0·86	0·83
0·94	1·43								
0·87	1·17	//	//	//	//	1·34	1·00[a]	1·03[a]	0·59[a]
1·60	1·95	0·92	1·41	//	//	1·55	1·72	1·15	1·15
0·80	1·07	0·64	0·87	//	//	1·19	1·06	0·70	0·97
//	—	—	—	—	—	—	—	—	—
1·55	2·07								
0·87	1·09								
0·98	1·24								
0·47	0·96								
0·85	1·23								
1·17	1·83	1·26	1·07	1·59	1·25	1·77	1·40	1·25	0·77
1·09	1·79	1·68	1·69	1·85	1·98	2·43	1·80	1·17	//
1·40	2·31	1·04	1·70	1·66	1·49	1·47	1·55	1·20	1·36
1·09	1·77	1·00	//	//	0·80	1·51	1·18	1·22	1·12
0·89	1·25	1·11	1·08	0·76	0·89	1·56	1·27	1·17	1·22
0·92	0·94	0·93	1·32	1·09	0·96	1·83	1·29	1·13	1·08
//	1·94	1·20	2·28	1·56	1·31	3·11	2·49	1·86	1·94
//	1·48	1·20	1·96	0·98	1·62	1·49	1·38	2·05[b]	1·02[b]
//	1·08	0·85	0·97	0·77	0·83	0·97	1·07	0·89	0·71
0·84	1·28	0·89	0·93	1·10	1·41	1·89	1·29	1·19	1·10
0·65	0·70	0·36	0·54	0·63	0·79	0·95	0·72	0·59	0·59
0·69	1·07	0·43	0·81	0·89	0·89	1·37	0·88	0·80	0·74
0·87	1·45	0·71	1·19	1·05	1·45	1·71	1·30	1·01	1·03
1·09	1·21	0·85	1·38	1·14	1·34	1·75	1·65	1·48	1·36
1·11	1·51	0·85	1·04	1·03	1·18	1·53	1·23	1·45	1·11
//	//	0·56	0·91	0·60	0·71	0·97	1·02	0·90	0·98

[a] Some doubt exists as to whether the acres are in fact *per perch* acres.
[b] Wargrave only.

	1291	1292	1297	1298	1299	1300	1301
Calbourne	//	//	//	//	//	//	//
Brighstone	//	//	//	//	//	//	//
Fareham	0·96	0·97	0·67	1·23	0·99	0·97	0·92
Bitterne	//	1·01	1·34	1·08	1·26	1·22	0·81
Waltham	1·03	1·21	1·25	1·58	1·34	0·92	1·16
Twyford	//	//	//	//	//	//	//
Stoke	//	//	//	//	//	//	//
East Meon	0·98	1·17	2·22	2·42	1·83	1·70	2·33
East Meon Church	1·36	1·21	1·74	2·60	2·34	2·06	2·15
Hambledon	//	1·15	1·34	1·61	0·49	1·00	1·41
Alresford	0·84	1·24	1·59	*c.* 1·41	0·92	0·99	0·90
Beauworth	1·13	1·04	1·83	1·44	//	//	1·51
Cheriton	0·73	0·64	//	//	//	//	1·11
Sutton	0·78	0·86	//	//	1·58	1·13	1·22
Wield	1·04	1·10	1·68	1·82	1·56	1·08	1·72
Crawley							
Mardon	0·66[a]	0·43[a]	0·82[a]	0·94[a]	0·40[a]	0·62[a]	1·17[a]
Bentley	1·30	//	1·28	1·25	1·50	1·35	1·44
Farnham	0·77	//	0·98	0·66	0·59	0·70	0·94
Esher	—	//	—	—	—	—	—
Burghclere							
High Clere							
Ecchinswell							
Ashmansworth							
Woodhay							
Overton	0·99	1·09	1·38	1·66	1·44	1·33	1·60
North Waltham	1·04	1·20	2·05	2·19	1·79	1·30	1·76
Brightwell	1·95	1·39	1·41	1·38	1·90	1·20	1·67
Harwell	1·54	//	1·00	1·16	1·44	1·18	1·67
Morton	1·61	0·74	0·78	1·19	1·13	0·95	1·07
West Wycombe	0·97	1·14	0·88	1·31	1·08	1·24	1·09
Ivinghoe	2·09	1·52	1·49	2·55	2·48	1·07	1·73
Wargrave	1·19	1·38	1·27	2·25	1·06	1·51	1·87
Adderbury	1·02	0·90	0·92	1·10	1·03	1·22	0·98
Witney	1·09	1·10	0·92	1·28	0·95	1·27	1·19
Downton	1·14	1·11	1·05	1·41	0·74	0·95	0·86
Bishopstone	1·10	1·58	1·73	2·21	1·21	1·49	1·19
Knoyle	1·11	1·37	1·64	2·65	1·57	1·57	1·78
Fonthill	1·84	1·42	1·97	2·82	2·34	2·23	1·83
Taunton	1·05	1·23	0·83	1·06	0·90	0·98	*c.* 1·03
Rimpton	0·89	1·24	0·99	1·04	0·78	0·72	0·99

[a] Some doubt exists as to whether the acres are in fact *per perch* acres.

Gross yields of wheat per acre

1302	1306	1307	1308	1309	1310	1311	1312	1313	1314
//	//	//	//	//	//	//	//	//	//
//	//	//	//	//	//	//	//	//	//
1·22									
1·35	0·97	1·18	0·89	1·42	0·80	1·07	1·18	1·25	1·04
1·35	1·43	0·99	1·50	1·62	0·82	1·03	0·95	1·03	1·10
0·96	1·36	1·28	1·21	1·49	1·12	1·52	1·02	1·13	1·03
1·24	0·51	0·62	0·94	0·88	0·32	0·80	1·01	1·22	1·14
//	0·93	0·65	0·98	1·00	0·59	1·15	1·14	1·18	//
2·03	1·51	1·59	0·72	1·45	1·34	1·96	1·50	1·66	1·72
0·46[a]									
1·52	1·92	1·60	1·92	1·91	1·37	1·90	1·65	1·61	1·48
0·89	0·58	0·94	0·79	0·66	1·01	1·43	0·73	1·18	0·89
—	—	//	—	0·63	—	—	//	0·59	0·66
0·83	1·77	1·46	1·46	0·63	1·04	1·63	1·20	1·18	0·74
0·87	1·74	0·89	1·23	1·94	0·99	1·11	0·85	1·29	0·89
1·55	1·75	1·55	2·06	2·40	1·61	2·95	1·90	1·93	1·88
1·27	2·25	1·89	1·51	1·79	1·61	1·19	1·60	2·24	1·17
0·92	1·00	0·81	0·88	1·24	1·09	1·01	1·18	1·46	1·10
1·30									
1·82									
2·14									
1·06	1·36	1·23	1·34	1·20	0·86	1·06	1·17	1·24	1·43
1·00	1·39	1·10	1·26	1·10	0·96	1·47	1·04	1·11	1·64

	1315	1316	1317	1318	1325	1326	1327
Calbourne	//	//	//	//	//	//	//
Brighstone	//	//	//	//	//	//	//
Fareham					1·47	1·40	1·25
Bitterne					1·27	0·93	1·38
Waltham					1·18	1·27	0·98
Twyford					1·60	1·08	0·90
Stoke					0·98	1·72	0·90
East Meon					2·10	2·73	1·39
East Meon Church					//	1·33	//
Hambledon	0·59	0·71	1·01	1·70	1·46	1·27	1·27
Alresford	0·74	0·80	1·01	1·88	1·84	1·55	1·23
Beauworth	0·75	0·27	0·84	1·02	1·22	1·68	0·88
Cheriton	0·60	0·43	0·76	1·11	1·37	1·42	1·20
Sutton	//	0·81	0·85	1·14	1·24	0·85	0·78
Wield	0·79	//	1·11	1·81	1·52	1·52	1·30
Crawley					1·77	1·33	0·92
Mardon					1·34	0·82	1·23
Bentley	0·67	0·47	0·84	1·13	1·33	2·05	1·36
Farnham	0·65	0·61	0·58	1·00	0·63	1·01	1·30
Esher	—	—	//	//	—	0·83	0·50
Burghclere					1·50	1·23	1·27
High Clere					2·16	2·31	1·51
Ecchinswell					1·56	1·67	1·15
Ashmansworth					1·55	1·68	1·26
Woodhay					1·78	1·53	1·32
Overton					1·49	1·01	1·43
North Waltham					2·39	1·38	1·54
Brightwell					1·88	1·61	1·97
Harwell					1·59	1·79	1·52
Morton	0·43	0·12	0·40	1·70	1·08	1·73	1·64
West Wycombe	0·60	0·62	0·75	1·52	2·01	2·12	1·14
Ivinghoe	0·70	0·53	//	1·82	1·04	2·37	2·04
Wargrave	0·92	0·68	0·95	1·67	2·53	4·15	3·10
Adderbury					1·79	1·40	1·57
Witney					1·20	1·38	1·07
Downton	0·78	1·06	1·04	1·28	1·33	0·63	0·96
Bishopstone					1·99	1·15	1·10
Knoyle					1·40	1·07	0·96
Fonthill					0·38	1·51	0·80
Taunton	0·97	0·55	1·00	1·07	1·58	1·45	1·00
Rimpton	0·63	2·19	0·79	1·36	0·87	1·25	0·69

1328	1329	1330	1331	1332	1335	1336	1337	1338	1339
//	//	//	//	//	//	//	//	//	//
//	//	//	//	//	//	//	//	//	//
1·46	1·27	1·77	1·89	1·28	1·36	1·16	1·36	1·09	0·39
1·03	1·21	1·15	1·51	1·49	0·91	1·04	0·99	1·58	0·41
0·91	0·94	1·10	1·03	1·43	1·26	1·41	1·42	1·13	0·44
1·12	1·31	1·22	0·92	1·24	0·74	0·97	1·23	0·96	0·52
0·96	0·95	1·17	0·85	1·07	1·17	1·22	1·50	1·28	0·75
1·40	1·05	1·50	2·03	1·86	1·46	1·65	1·95	1·93	0·97
//	//	//	//	//	1·03	1·34	1·63	1·43	0·67
0·79	0·90	1·01	0·96	1·06	1·08	1·79	1·56	1·30	0·58
1·12	1·25	1·08	0·99	1·10	0·81	1·84	1·48	1·58	0·70
1·01	1·13	1·05	0·90	1·12	0·93	0·77	1·25	1·48	0·46
1·15	1·33	1·08	1·27	1·26	0·83	0·79	0·90	1·32	0·36
0·78	0·84	0·81	0·75	0·80	0·71	0·86	0·76	1·02	0·44
1·20	1·34	1·19	0·67	1·40	1·12	1·04	1·60	1·27	0·71
1·28	1·28	1·03	1·34	1·23	1·01	1·31	1·28	1·28	0·56
1·17	1·12	1·04	1·54	1·15	0·88	1·15	1·24	0·82	0·41
1·23	1·53	1·18	0·84	//	1·93	0·94	1·30	1·46	0·62
0·86	0·85	0·78	0·70	0·88	1·11	1·33	1·51	1·82	1·69
//	//	—	—	//	1·65	1·00	—	1·01	0·46
1·26	1·51	1·06	1·18	1·19	1·13	1·23	1·82	1·60	1·02
1·21	1·16	1·32	1·33	1·46	1·24	1·18	1·28	1·35	0·80
1·10	1·18	1·22	1·35	1·41	1·41	1·45	1·72	1·36	0·78
1·01	1·47	1·01	1·11	1·13	1·24	0·95	1·19	1·05	0·48
1·49	1·48	1·39	1·19	1·18	1·25	1·35	1·41	1·35	0·91
0·86	0·90	0·60	0·86	0·99	1·01	1·05	1·08	1·20	0·53
1·10	1·27	1·04	1·08	1·52	1·10	0·91	1·56	1·40	0·55
2·03	1·74	1·46	1·77	//	1·41	1·14	1·57	1·46	1·14
1·83	1·40	1·55	2·19	//	1·27	1·42	1·76	1·91	1·11
//	//	//	//	//	1·40	//	1·58	1·32	0·39
0·62	1·10	//	//	//	0·53	0·72	1·28	1·51	0·30
0·90	2·13	1·09	1·30	2·05	1·20	0·93	1·82	1·39	0·53
1·55	1·52	1·92	1·70	1·64	0·94	1·22	2·01	1·00	0·67
1·51	1·60	1·81	1·00	//	1·91	1·70	1·49	1·05	0·95
0·94	1·06	1·09	0·98	//	0·84	0·91	1·18	1·01	0·43
1·13	1·30	1·42	1·43	1·18	0·66	1·32	1·58	1·60	0·72
1·22	1·30	1·25	1·83	1·45	1·09	2·36	2·01	2·28	0·99
0·65	//	0·96	0·96	1·28	0·89	1·28	1·25	1·21	0·41
0·94	1·26	1·25	1·57	1·52	1·06	1·40	0·99	1·40	0·46
0·93	0·88	0·78	0·83	0·99	1·09	1·23	1·26	0·96	0·86
0·94	0·74	0·94	0·70	0·96	1·21	1·47	1·04	1·28	0·41

	1340	1341	1342	1343	1344	1345	1346
Calbourne	//	//	//	//	//	//	//
Brighstone	//	//	//	//	//	//	//
Fareham	1·19	1·10	0·58	0·87	1·17	1·38	1·06
Bitterne	0·85	0·72	0·78	0·40	1·00	1·24	0·95
Waltham	0·97	0·58	0·77	0·67	0·98	1·51	1·00
Twyford	0·96	0·82	0·86	0·56	0·89	0·80	0·89
Stoke	1·24	0·95	1·10	0·95	1·66	1·16	1·20
East Meon	1·50	1·00	1·35	1·33	3·19	1·87	1·53
East Meon Church	1·03	0·66	1·32	1·07	2·34	1·87	1·04
Hambledon	1·15	0·98	0·99	0·98	1·51	1·46	1·18
Alresford	1·31	0·42	0·97	0·95	1·35	1·42	1·21
Beauworth	1·00	0·42	1·12	1·18	1·04	1·11	0·96
Cheriton	1·06	0·68	0·74	1·01	1·04	0·82	0·99
Sutton	0·86	0·39	0·71	0·57	0·79	0·59	0·59
Wield	1·03	1·15	1·33	1·02	1·34	1·24	0·56
Crawley	1·24	1·52	1·07	1·12	1·62	1·31	0·97
Mardon	1·23	1·00	0·98	1·10	1·22	1·14	1·13
Bentley	1·22	1·53	1·52	1·26	2·27	1·68	1·01
Farnham	1·78	1·43	2·26	1·33	3·14	0·29	1·18
Esher	1·02	//	//	0·59	1·06	0·56	//
Burghclere	1·11	0·92	1·48	1·30	0·97	1·10	0·88
High Clere	1·21	0·98	0·97	0·85	1·25	1·24	0·95
Ecchinswell	1·55	1·00	1·49	1·44	1·43	1·38	1·12
Ashmansworth	0·80	0·87	0·98	0·53	1·19	0·52	0·55
Woodhay	0·91	0·75	1·82	0·64	0·82	1·18	0·67
Overton	1·11	0·96	0·94	0·82	1·01	0·86	0·87
North Waltham	1·09	1·00	0·79	0·70	0·11	0·63	0·92
Brightwell	1·41	1·14	1·38	1·21	1·26	1·21	1·37
Harwell	1·31	1·58	1·62	1·33	1·71	1·57	0·81
Morton	1·32	1·24	1·90	1·00	1·27	1·06	0·87
West Wycombe	0·72	0·99	1·02	1·00	1·47	0·62	0·60
Ivinghoe	1·24	1·22	1·15	1·35	1·35	1·63	0·70
Wargrave	1·93	0·83	1·24	1·32	1·79	1·80	1·16
Adderbury	1·99	1·10	1·40	0·95	2·17	1·48	0·71
Witney	0·92	0·82	0·93	0·76	0·96	0·68	0·63
Downton	1·00	0·81	1·12	0·75	1·48	1·46	0·69
Bishopstone	1·75	1·19	1·81	1·07	1·79	1·47	1·33
Knoyle	1·22	0·94	1·38	0·83	1·39	1·05	0·84
Fonthill	1·17	1·02	1·24	0·81	1·55	1·35	1·08
Taunton	1·34	0·88	1·32	1·03	1·25	0·92	0·74
Rimpton	1·08	1·12	1·36	0·77	2·02	1·09	0·52

1347	1348	1349
//	//	//
//	//	//
1·01	1·02	0·86
0·88	1·06	0·63
0·74	1·32	0·60
0·71	0·81	0·52
0·88	1·07	0·55
1·60	1·78	0·93
1·28	1·29	0·66
0·93	1·36	1·00
0·97	1·05	0·45
1·03	1·16	0·55
0·80	0·69	0·56
0·48	0·84	0·60
1·17	0·95	0·74
0·84	1·03	0·60
0·76	0·97	0·52
1·74	1·69	0·98
0·94	1·20	0·72
//	//	//
1·05	1·20	0·82
1·04	1·05	0·56
1·22	1·17	0·66
1·22	0·83	0·38
0·85	1·15	0·56
1·09	0·91	0·42
0·82	1·23	0·44
0·90	//	//
1·04	1·53	1·04
1·00	0·63	0·52
0·53	0·81	1·84
1·01	1·00	0·78
0·95	1·86	1·10
0·77	1·13	0·54
0·82	0·85	0·60
0·49	0·83	0·44
0·98	1·42	0·91
0·78	0·71	0·46
0·71	1·16	0·45
0·71	0·84	0·47
1·28	0·64	0·43

H Gross yields of barley per acre[a]

	(in quarters)						
	1211	1218	1219	1220	1224	1225	1226
Calbourne							
Brighstone							
Fareham							
Bitterne							
Waltham							
Twyford	1·12	1·79	//	//	1·35	1·39	1·36
Stoke							
East Meon							
East Meon Church[b]							
Hambledon							
Alresford							
Beauworth							
Cheriton							
Sutton							
Wield							
Crawley							
Mardon							
Bentley							
Farnham[c]							
Esher	//	//	//	//	//	//	//
Burghclere					2·89		
High Clere					//		
Ecchinswell					//		
Ashmansworth					—		
Woodhay[d]					2·15		
Overton							
North Waltham							
Brightwell							
Harwell							
Morton	//	0·77	1·11	2·80	//	1·88	1·48
West Wycombe	1·71	//	2·75	2·04	1·67	5·11	3·09
Ivinghoe	//	//	2·12	//	//	//	//
Wargrave[e]							
Adderbury							
Witney							
Downton[f]	1·56	1·77	1·95	//	2·86	2·11	2·62
Bishopstone							
Knoyle							
Fonthill							
Taunton[g]	2·94	—	—	—	1·49	2·28	—
Rimpton	1·63	//	1·26	—	0·94	0·54	//

[a] Blank spaces represent years in which acreages are expressed in customary acres.
[b] The produce of the demesne is at first mixed up with the tithes.
[c] With Seal to 1285, without Seal from 1286.
[d] With Widehaia Tornes.
[e] Combined figures for Wargrave, Waltham St Lawrence, and Culham.
[f] With Cowyck.
[g] Combined figures for all the sub-manors.

1232	1236	1245	1246	1247	1248	1252	1253	1254	1257
1·44	1·58	2·22	1·26	1·21	2·46	1·45	1·75	2·01	2·01
2·05	1·37	2·80	1·89	1·74	2·36	2·23	1·72	2·25	1·89
3·11	2·68	3·35	3·49	3·28	2·90	2·01	2·52	2·39	2·98
2·15	2·49	2·62	2·33	1·60	2·22	0·91	1·98	1·95	1·97
//	3·18	2·61	3·18	3·02	2·99	1·61	1·87	2·19	1·56
2·58	1·78	2·57	2·20	1·84	1·85	2·20	2·44	2·50	2·46
1·54	1·26	1·33	1·36	2·01	1·57	2·01	//	//	3·09
2·92	2·07	3·03	2·32	1·80	2·53	2·58	2·15	2·56	1·94
//	//	//	//	//	//	//	//	//	//
3·09	3·06	3·41	3·15	2·86	3·00	2·04	1·80	3·54	2·43
2·49	2·35	1·51	1·06	1·71	1·77	1·38	1·86	1·83	1·57
1·98	2·05	1·83	2·03	1·59	2·13	1·22	2·03	1·93	1·69
2·41	2·00	1·87	1·98	1·66	2·02	1·64	1·99	2·00	1·75
2·31	2·04	1·32	1·24	1·32	1·14	1·30	1·50	1·57	1·73
1·27	1·98	1·42	0·75	1·32	2·12	1·66	//	//	1·96
2·12	2·27		2·48	1·93	2·02	1·60	2·14	2·20	2·22
//	2·68	3·04	2·75	2·72	2·25	2·05	2·13	2·53	2·31
1·92	1·64	1·90	1·50	2·59	3·68	1·67	1·48	1·47	1·88
2·48	2·04	2·25	2·85	2·15[a]	2·68	1·53	2·78	2·54[a]	2·02
//	1·50	//	//	//	//	//	c. 1·63	1·20	//
//	4·75	1·70	2·85	3·29	2·84	1·85	2·34	2·43	2·16
1·78	2·57	2·39	1·57	1·70	1·99	2·70	2·33	2·30	//
0·84	2·83	1·82	1·99	1·65	3·49	2·59	2·34	2·54	2·21
2·43	3·17	1·44	3·32	1·21	2·83	2·34	2·33	2·42	1·89
1·63	3·46	2·38	2·49	1·54	3·27	2·46	2·39	3·27	2·09
2·92	//	1·97	2·32	1·78	1·97	2·13	2·37	2·35	2·35
1·88	2·38	1·64	2·06	1·65	1·27	1·71	2·46	2·20	2·05
3·06	3·89	//	2·44	2·10	3·27	1·94	//	2·84	2·83
5·11	//	//	3·47	3·68	2·85	1·80	2·08	2·96	1·98
//	5·85	4·01	4·23	1·79	2·60	2·46	//	//	2·20
3·04	2·99	1·46	2·43	2·43	3·02	1·45	1·90	1·92	1·67
//	—	—	—	—	—	—	3·55	3·22	1·63
2·16	2·55	3·33	2·85	3·09	2·35	1·81	2·23	2·06[b]	1·97
//	2·42	//	2·64	2·41	3·03	2·67	2·88	3·19	2·18
//	1·46	1·95	1·93	2·37	2·53	1·34	2·67	2·25	1·80
1·57	2·02	1·62	2·36	2·27	2·15	1·03	1·78	1·52	1·40
2·77	2·49	1·34	1·23	1·38	1·59	1·48	1·92	1·61	//
	1·36	1·51	1·80	1·43	//	0·83	1·32	1·94	2·20
	1·78	2·22	2·25	1·96	//	1·45	2·30	2·43	1·95
—	2·19	3·39	2·45	1·41	2·06	1·54	1·97	2·54	3·41
1·07	3·44	2·61	1·75	1·79	1·58	0·58	2·73	1·89	1·64

[a] Without Seal.
[b] Without Wargrave.

	1265	1268	1269	1270	1271	1272	1273
Calbourne	1·83	1·72	//	//	1·33	2·42	2·22
Brighstone	1·78	1·58	//	//	1·24	2·04	2·37
Fareham	1·72	2·68	//	//	2·33	2·38	2·94
Bitterne	1·37	1·68	//	//	1·98	1·99	//
Waltham	1·78	2·59	//	//	1·35	1·68	1·97
Twyford	1·36	1·62	//	//	1·72	1·62	1·57
Stoke	1·62	2·12	//	//	2·93	1·67	1·33
East Meon	1·78	2·57	//	//	4·65	3·99	3·63
East Meon Church	//	//	//	//	—	—	3·55
Hambledon	1·49	1·67	//	//	2·80	1·72	1·96
Alresford	1·43	1·50	1·60	1·41	1·73	1·83	1·93
Beauworth	2·08	//	//	//	1·49	2·06	1·99
Cheriton	1·55	0·74	//	//	1·60	1·40	1·54
Sutton	1·45	1·36	//	//	1·18	1·59	1·44
Wield						1·64	//
Crawley	1·44	1·32	//	//	1·16	0·84	1·27
Mardon	2·09	1·92	//	//	2·22	1·92	2·13
Bentley	2·28	0·75	//	//	2·17	2·31	2·10
Farnham	1·88	1·19	//	//	2·91	2·10	2·14
Esher	1·30	1·20	//	//	1·51	1·42	//
Burghclere	1·45	0·97	//	//	//	//	1·90
High Clere	1·42	0·75	//	//	//	//	0·77
Ecchinswell	2·04	1·33	//	//	//	//	1·87
Ashmansworth	1·06	0·97	//	//	//	//	0·94
Woodhay	1·58	1·68	//	//	//	//	1·62
Overton	2·03	1·10	//	//	1·80	1·53	2·25
North Waltham	1·74	0·99	1·47	1·30	1·69	1·14	1·50
Brightwell	2·34	1·95	//	//	2·49	2·20	1·84
Harwell	2·40	2·68	//	//	2·40	2·97	2·24
Morton	2·13	//	//	//	1·24	2·66	1·34
West Wycombe	1·85	1·83	//	//	2·46	1·34	1·93
Ivinghoe	2·86	3·92	//	//	3·14	2·72	//
Wargrave	2·32	1·80	//	//	//	//	//
Adderbury	—	—	//	//	—	—	//
Witney	1·37	1·90	//	//	2·11	2·93	1·75
Downton	1·28	1·17	//	//	1·01	0·97	0·85
Bishopstone	1·16	1·36	//	//	1·48	1·34	1·20
Knoyle	1·96	2·02	//	//	2·46	2·31	1·78
Fonthill	2·28	2·37	//	//	2·17	2·16	2·02
Taunton	2·88	2·31	//	//	1·50	1·74	1·77
Rimpton	1·10	//	//	//	//	//	//

Gross yields of barley per acre

1274	1277	1283	1284	1285	1286	1287	1288	1289	1290
1·69	2·04	1·27	//	//	//	//	//	//	//
1·47	1·75	1·26	//	//	//	//	//	//	//
2·22	1·96	2·08	1·34	3·14	2·56	2·76	2·14	1·79	1·72
//	1·68	1·97	2·21	1·32	1·17	1·61	1·46	0·99	//
1·47	2·16	1·65	2·42	1·74	2·19	2·84	2·33	1·38	1·30
1·72	1·67	//	//	//	//	//	//	//	//
1·65	2·08	//	//	//	//	//	//	//	//
3·26	2·40	1·95	2·38	1·64	1·89	2·67	2·61	1·93	2·82
—	—	—	—	2·58	3·63	1·98	3·00	2·65	2·22
2·03	1·65	2·15	2·68	2·39	3·06	2·94	2·87	2·20	//
1·56	1·36	1·90	1·55	1·39	1·91	1·67	1·86	1·49	0·81
1·64	2·02	1·63	//	1·96	1·33	1·43	1·60	1·00	1·35
1·37	1·62	1·70	1·15	1·27	1·63	1·54	1·23	0·75	0·99
1·32	1·95	1·81	1·53	1·23	1·49	1·21	1·34	0·80	1·02
//	//	1·36	1·38	1·04	1·12	1·21	1·81	1·09	1·41
1·25	1·70								
2·09	1·98	0·99	//	//	//	2·50	1·82	0·68	1·57
1·96	1·67	1·44	1·25	//	//	2·11	2·06	0·84	1·44
1·85	//	1·72	1·59	1·01	1·42[a]	1·16	2·29	1·34	2·09
//	//	1·77	1·10	1·04	1·75	2·19	1·92	1·13	1·19
1·28	1·92								
1·03	1·44								
1·35	1·28								
1·25	1·56								
1·32	1·78								
1·81	2·49	1·68	1·50	1·62	1·18	2·04	1·38	1·08	1·28
1·00	1·60	1·43	1·64	1·31	1·28	1·86	1·34	1·27	0·84
2·48	3·37	3·01	2·45	2·25	1·97	2·38	2·30	2·32	1·38
1·27	2·24	2·81	//	//	2·22	3·02	3·13	2·53	1·52
2·20	1·69	1·54	1·31	0·70	1·41	1·02	1·67	1·41	1·47
1·67	0·89	2·00	2·07	2·67	1·40	1·80	1·76	1·90	2·14
//	2·01	1·92	1·97	0·98	1·00	2·56	2·10	2·87	1·49
//	1·76	//	2·01	0·68	1·57	1·94	1·70	1·63[b]	1·66[b]
//	—	—	—	—	—	—	—	—	—
1·94	2·28	1·86	2·52	1·89	2·52	1·98	1·91	2·05	//
0·86	0·86	0·80	0·66	0·80	0·91	1·05	1·21	0·88	0·99
1·33	1·42	1·09	0·94	1·36	1·43	1·28	1·33	0·90	1·35
1·74	2·44	1·39	1·96	1·83	1·76	2·12	1·60	2·07	1·42
2·19	2·02	1·75	1·99	1·79	2·01	2·08	2·67	2·34	1·98
2·05	2·39	1·18	2·20	1·87	1·54	1·89	1·33	1·30	1·12
//	//	1·15	1·56	1·01	1·41	1·22	1·15	1·75	1·30

[a] Without Seal from now on.
[b] Wargrave only.

	1291	1292	1297	1298	1299	1300	1301
Calbourne	//	//	//	//	//	//	//
Brighstone	//	//	//	//	//	//	//
Fareham	1·29	1·95	1·48	1·72	2·43	1·80	1·48
Bitterne	//	1·16	1·07	1·82	1·28	1·24	1·35
Waltham	1·15	1·13	1·58	1·87	1·53	1·40	2·34
Twyford	//	//	//	//	//	//	//
Stoke	//	//	//	//	//	//	//
East Meon	0·76	1·32	2·05	2·79	2·48	3·03	2·53
East Meon Church	1·20	1·83	3·05	2·92	2·58	2·38	2·72
Hambledon	//	1·62	1·22	2·11	1·59	2·21	2·39
Alresford	0·69	2·22	1·53	//	1·68	1·25	1·38
Beauworth	0·57	1·18	1·01	1·46	//	//	1·57
Cheriton	0·39	0·72	//	//	//	//	1·25
Sutton	0·35	0·94	//	//	1·61	1·84	1·31
Wield	0·22	1·18	1·20	1·73	1·58	1·52	1·71
Crawley							
Mardon	0·93	1·26	1·64	1·93	1·85	1·72	1·84
Bentley	0·99	//	1·29	1·13	1·33	0·91	1·58
Farnham	1·29	//	1·42	1·30	1·14	1·33	1·41
Esher	—	//	1·36	2·08	//	1·94	1·88
Burghclere							
High Clere							
Ecchinswell							
Ashmansworth							
Woodhay							
Overton	0·44	0·65	1·18	1·21	2·06	1·45	2·17
North Waltham	0·87	0·57	1·60	2·22	1·00	1·66	1·37
Brightwell	2·05	2·25	1·58	1·61	2·29	2·60	2·53
Harwell	2·23	//	1·81	1·88	2·27	2·46	2·16
Morton	1·30	1·51	0·48	1·44	1·40	1·90	—
West Wycombe	1·90	1·27	0·89	1·03	1·78	1·34	1·04
Ivinghoe	2·46	1·49	1·71	3·50	2·31	2·13	2·19
Wargrave	1·50	1·85	1·35	1·84	1·48	1·37	1·68
Adderbury	—	—	—	—	—	—	—
Witney	1·26	1·65	0·93	1·86	2·17	1·96	2·13
Downton	1·37	1·46	1·10	1·16	1·39	1·14	1·63
Bishopstone	1·01	1·09	1·51	0·50	1·71	1·73	2·11
Knoyle	1·89	1·93	1·64	1·70	2·14	1·55	1·89
Fonthill	1·81	2·04	1·99	2·33	2·68	2·26	3·15
Taunton	0·40	1·83	0·68	1·77	2·06	2·73	1·92
Rimpton	1·69	1·20	1·43	1·00	1·60	1·50	//

1302	1306	1307	1308	1309	1310	1311	1312	1313	1314
//	//	//	//	//	//	//	//	//	//
//	//	//	//	//	//	//	//	//	//
2·25									
//									
2·36	1·15	2·02	2·42	1·86	3·27	3·36	2·76	3·15	2·52
1·30	1·22	1·27	2·40	1·96	2·15	1·85	2·25	2·21	2·27
1·66	0·83	1·75	2·01	1·38	1·70	1·45	1·52	1·72	1·81
1·46	0·94	1·30	1·72	0·71	1·71	1·01	1·42	1·39	1·56
//	1·51	0·99	1·29	1·03	1·83	1·90	1·75	2·06	1·60
1·51	1·22	1·30	1·61	1·24	2·26	1·61	1·70	1·67	1·30
2·13									
1·86	1·71	1·75	2·25	1·83	1·70	1·63	1·83	1·27	1·20
1·55	0·86	1·46	1·75	1·13	1·91	1·94	1·61	1·93	2·07
//	//	//	1·67	—	1·41	1·89	2·13	1·16	0·76
—	—	—	—	2·03	2·67	2·43	2·17	2·69	2·03
0·99	1·59	1·04	2·08	2·46	1·73	1·74	2·60	2·35	1·37
1·34	—	—	—	—	—	3·28	2·50	3·20	2·47
1·83	1·86	1·59	2·05	2·58	1·93	2·08	2·03	2·16	1·12
—	—								
1·65	1·59	1·89	1·92	1·57	2·83	2·34	2·74	2·43	2·22
2·31									
2·80									
2·98									
2·50	2·03	—	1·25	—	2·02	2·29	1·53	1·50	2·78
1·17	2·23	1·44	—	1·61	—	—	—	—	—

	1315	1316	1317	1318	1325	1326	1327
Calbourne	//	//	//	//	//	//	//
Brighstone	//	//	//	//	//	//	//
Fareham					3·21	2·11	2·13
Bitterne					1·79	1·70	2·32
Waltham					2·63	2·58	1·71
Twyford					1·73	1·48	1·35
Stoke					1·78	1·54	1·70
East Meon					2·55	1·97	1·57
East Meon Church					//	1·61	//
Hambledon	2·27	1·70	1·91	3·13	3·11	2·83	2·54
Alresford	1·64	1·84	1·80	2·35	1·78	1·50	2·09
Beauworth	1·17	1·32	1·30	1·69	1·59	1·73	1·42
Cheriton	1·34	0·90	0·61	2·16	1·47	1·52	1·75
Sutton	1·57	2·09	1·64	1·89	0·93	0·91	1·01
Wield	1·44	//	1·23	1·90	1·94	1·90	1·63
Crawley					1·83	1·15	1·25
Mardon					1·75	1·63	1·24
Bentley	0·83	1·50	1·00	1·13	1·82	2·67	2·27
Farnham	2·04	1·06	1·04	1·42	1·32	1·27	1·56
Esher	0·70	0·60	//	//	0·92	1·44	1·00
Burghclere					2·02	1·77	2·19
High Clere					2·99	2·53	2·21
Ecchinswell					1·98	1·82	1·82
Ashmansworth					1·63	1·44	1·59
Woodhay					2·44	1·84	1·85
Overton					1·56	1·72	1·57
North Waltham					1·89	1·14	2·48
Brightwell					4·20	4·21	5·00
Harwell					5·03	4·69	4·04
Morton	1·55	0·61	0·99	1·29	1·90	2·40	2·07
West Wycombe	0·94	0·76	1·23	1·27	1·48	1·91	1·50
Ivinghoe	1·73	1·05	1·79	2·41	2·66	3·97	2·61
Wargrave	1·63	1·28	1·26	1·53	1·84	3·75	2·20
Adderbury					—	—	—
Witney					1·72	1·94	1·79
Downton	1·80	2·19	1·47	0·92	1·72	1·26	1·06
Bishopstone					2·01	1·77	2·43
Knoyle					2·08	1·80	1·29
Fonthill					1·89	0·98	1·54
Taunton	1·83	—	1·58	1·57	2·38	—	0·93
Rimpton	—	—	—	—	—	2·41	1·90

1328	1329	1330	1331	1332	1335	1336	1337	1338	1339
//	//	//	//	//	//	//	//	//	//
//	//	//	//	//	//	//	//	//	//
1·98	2·20	2·47	1·42	2·20	2·11	1·51	1·74	2·13	2·11
1·79	2·07	1·81	2·61	1·85	1·14	1·08	2·63	2·22	2·68
1·57	1·25	1·62	1·20	1·46	1·63	1·60	1·73	2·13	1·92
1·45	1·80	1·43	0·61	1·16	1·07	1·18	1·66	1·43	2·23
1·63	2·16	1·75	1·03	1·51	1·24	1·48	2·03	2·32	1·60
1·55	1·75	1·34	1·65	1·52	1·48	1·63	2·10	2·13	1·78
//	//	//	//	//	1·32	2·22	1·04	1·86	1·02
2·41	2·38	2·49	1·98	2·41	2·39	2·66	3·12	2·58	2·23
1·53	1·74	0·57	1·18	1·74	//	1·51	1·62	2·44	1·49
1·09	1·75	1·31	0·97	1·28	0·93	1·00	1·18	1·76	0·97
1·88	2·00	1·77	0·92	1·74	1·24	1·35	1·84	1·90	1·83
0·78	1·31	0·91	0·61	1·08	0·95	1·21	1·43	2·49	1·87
1·74	1·35	1·00	0·52	1·20	0·95	1·33	1·40	1·48	1·69
1·24	1·88	1·49	1·22	1·42	1·58	1·33	1·35	1·89	1·84
1·30	1·67	1·51	1·00	1·28	1·49	1·45	1·64	1·20	1·50
1·17	2·45	1·82	—	//	1·75	1·47	//	3·00	1·52
1·00	1·50	1·56	1·04	1·55	1·78	1·86	2·54	2·17	2·12
//	//	—	0·70	//	—	1·14	1·35	—	—
1·70	1·51	1·15	1·88	1·40	1·47	1·48	2·21	2·72	1·02
1·98	2·09	1·72	2·10	1·94	2·32	2·27	2·42	3·14	2·21
1·33	1·68	1·15	1·50	1·49	1·73	1·56	1·98	2·24	1·88
1·06	2·14	1·63	1·39	1·27	1·33	1·30	1·59	1·25	1·30
2·09	2·29	1·35	2·15	1·79	1·35	1·87	1·85	2·15	1·45
1·79	1·41	1·03	0·79	1·25	1·34	0·99	1·56	1·78	1·44
1·51	1·37	1·51	0·92	1·33	1·30	1·34	1·65	2·22	1·22
4·14	4·04	3·51	3·16	//	4·19	3·28	4·37	3·81	3·73
4·09	3·89	3·80	4·39	//	4·38	4·13	4·26	4·05	3·92
//	//	//	//	//	—	—	—	—	—
1·32	1·76	//	//	//	—	—	—	—	—
3·43	3·46	—	1·18	3·15	—	—	3·28	2·68	2·49
1·94	2·54	2·02	2·50	2·02	2·14	2·24	1·80	2·66	2·56
—	—	—	—	//	—	—	—	—	—
1·60	1·70	1·95	1·93	//	2·49	1·74	2·93	2·98	1·94
1·56	1·88	2·30	2·74	1·99	1·25	2·21	3·11	2·80	2·78
2·03	2·39	2·04	3·45	2·08	1·72	2·46	3·22	2·94	2·69
1·54	1·78	0·70	1·94	2·02	1·53	1·81	1·99	1·97	1·76
1·55	2·33	1·72	2·10	1·58	1·73	2·10	1·93	2·06	1·44
—	2·00	1·54	—	1·77	—	—	—	3·28	3·00
0·70	2·65	—	—	—	—	—	—	—	—

	1340	1341	1342	1343	1344	1345	1346
Calbourne	//	//	//	//	//	//	//
Brighstone	//	//	//	//	//	//	//
Fareham	2·11	2·50	2·29	3·10	1·68	3·24	2·07
Bitterne	1·68	1·64	1·90	1·39	2·07	2·03	1·06
Waltham	1·59	1·18	1·58	1·59	1·38	2·20	1·55
Twyford	0·99	1·14	1·31	0·94	0·85	0·81	0·82
Stoke	1·44	1·35	1·75	1·18	1·77	1·33	0·68
East Meon	1·75	1·46	1·97	1·61	2·35	1·31	0·64
East Meon Church	1·62	1·63	1·18	1·21	2·19	1·15	1·39
Hambledon	2·87	2·66	3·21	2·82	3·31	2·77	2·73
Alresford	1·46	1·10	1·59	0·89	1·70	0·98	1·53
Beauworth	1·05	0·82	1·07	0·94	1·40	0·83	0·65
Cheriton	1·31	1·10	1·67	1·64	1·24	0·99	1·04
Sutton	1·42	1·08	2·10	1·57	1·71	1·35	1·86
Wield	1·18	0·63	1·42	1·74	1·71	0·57	0·87
Crawley	1·79	1·40	1·67	1·66	1·42	1·38	1·57
Mardon	1·39	2·22	1·38	1·62	1·84	1·00	1·54
Bentley	1·40	1·25	1·63	2·15	2·06	1·50	2·38
Farnham	2·14	2·29	1·99	3·00	3·13	//	2·38
Esher	—	//	//	—	—	—	//
Burghclere	0·96	1·40	2·23	1·27	1·71	0·54	1·19
High Clere	2·20	2·48	2·76	2·26	2·83	2·02	2·22
Ecchinswell	2·37	1·88	1·86	1·82	2·49	1·43	1·26
Ashmansworth	2·14	1·96	1·94	1·44	1·49	0·72	0·94
Woodhay	1·43	1·88	3·15	1·86	1·79	1·13	2·06
Overton	0·93	1·41	1·26	1·37	1·32	0·60	1·42
North Waltham	1·23	1·52	1·30	0·93	1·23	0·51	0·93
Brightwell	3·00	3·53	3·04	3·39	3·40	4·20	3·34
Harwell	3·53	4·01	4·26	3·41	4·81	4·25	2·88
Morton	—	—	—	2·47	2·85	1·90	1·69
West Wycombe	—	—	—	—	—	—	—
Ivinghoe	6·80	2·01	—	2·71	3·39	//	//
Wargrave	1·27	1·75	1·98	2·05	2·41	2·43	1·81
Adderbury	—	—	—	—	—	—	—
Witney	1·93	1·97	2·53	2·25	3·11	2·61	1·16
Downton	1·91	2·01	3·17	2·07	2·21	1·97	1·76
Bishopstone	3·06	2·57	2·74	2·57	2·43	1·78	2·14
Knoyle	1·54	2·24	1·90	1·80	2·05	1·58	1·18
Fonthill	1·82	2·38	1·81	2·32	2·09	1·70	1·62
Taunton	—	2·92	1·91	—	—	—	—
Rimpton	—	—	1·75	2·27	2·90	2·00	—

1347	1348	1349
//	//	//
//	//	//
2·38	3·01	//
1·45	2·60	1·68
1·91	1·61	1·21
1·61	1·32	0·92
1·94	1·26	0·85
1·51	1·45	1·39
1·73	1·44	1·48
2·72	2·90	2·39
1·52	1·68	0·63
1·73	1·17	0·70
1·41	1·15	1·09
1·00	1·37	1·10
1·19	0·82	0·73
1·57	1·63	1·50
1·87	1·37	1·30
2·91	3·46	2·18
1·66	2·19	1·32
//	1·15	1·03
1·57	1·67	1·13
2·55	2·08	1·74
1·96	1·68	1·04
1·49	1·23	0·84
1·45	1·59	1·22
1·41	1·25	1·14
1·11	1·34	0·52
3·64	3·29	2·83
3·67	3·53	2·82
1·93	2·41	1·79
—	—	—
2·68	—	2·16
1·97	2·41	1·23
—	—	—
2·33	2·49	0·95
1·28	2·01	0·91
1·81	2·49	1·89
1·71	1·75	0·80
1·99	1·94	1·10
1·90	1·52	0·48
1·51	2·32	1·25

I Gross yields of oats per acre[a]

	(in quarters)						
	1211	1218	1219	1220	1224	1225	1226
Calbourne							
Brighstone							
Fareham							
Bitterne							
Waltham							
Twyford	1·27	1·41	//	//	1·49	0·94	1·44
Stoke							
East Meon							
East Meon Church[b]							
Hambledon							
Alresford							
Beauworth							
Cheriton							
Sutton							
Wield							
Crawley							
Mardon							
Bentley							
Farnham[c]							
Esher	//	//	//	//	//	//	//
Burghclere					1·88		
High Clere					0·96		
Ecchinswell					1·82		
Ashmansworth					3·63		
Woodhay[d]					//		
Overton							
North Waltham							
Brightwell							
Harwell							
Morton	//	0·48	0·67	1·27	0·86	0·89	0·99
West Wycombe	1·48	//	1·74	2·22	2·26	2·74	2·20
Ivinghoe	//	//	0·84	//	//	//	0·77
Wargrave[e]							
Adderbury							
Witney							
Downton[f]	1·75	1·61	1·62	//	1·98	0·73	//
Bishopstone							
Knoyle							
Fonthill							
Taunton[g]	//	1·74	1·90	1·93	1·96	2·19	1·87
Rimpton	1·21	0·92	1·17	1·32	1·66	1·49	//

[a] Blank spaces represent years in which acreages are expressed in customary acres.
[b] The produce of the demesne is at first mixed up with the tithes.
[c] With Seal to 1285, without Seal from 1286.
[d] With Widehaia Tornes.
[e] Combined figures for Wargrave, Waltham St Lawrence, and Culham.
[f] With Cowyck.
[g] Combined figures for all the sub-manors.

Gross yields of oats per acre

1232	1236	1245	1246	1247	1248	1252	1253	1254	1257
1·62	1·97	2·36	1·35	1·77	2·73	1·90	2·05	2·20	2·10
1·41	1·13	2·13	1·39	1·33	1·67	1·67	1·90	2·29	2·25
1·83	1·83	1·82	2·05	2·16	1·95	1·57	1·52	1·18	1·12
1·95	1·86	1·86	1·37	1·23	1·45	1·37	1·76	1·68	1·22
//	2·14	1·63	1·88	//	2·14	1·26	1·64	1·47	1·51
0·90	1·35	1·07	1·48	1·46	1·24	1·50	1·32	1·91	1·57
2·16	2·39	1·62	1·12	1·59	1·59	1·31	1·97	1·92	2·06
2·28	2·33	2·06	2·16	2·06	2·66	2·92	3·12	3·50	1·91
//	//	//	//	//	//	//	//	//	//
1·98	2·86	1·87	2·20	1·98	2·33	2·26	2·17	2·09	1·93
1·68	1·85	1·33	1·45	1·19	1·58	1·70	1·75	2·04	1·80
1·64	1·49	1·49	1·19	1·43	1·28	1·28	1·66	1·59	1·45
2·03	2·28	1·39	1·42	1·45	0·94	1·66	1·63	//	1·39
1·34	1·37	1·04	1·34	1·24	1·46	1·72	1·83	1·58	1·49
1·63	1·85	0·97	1·01	1·10	0·85	1·29	//	//	1·68
1·65	1·65		1·84	1·38	1·85	0·96	1·37	1·27	1·65
1·62	1·99	2·44	2·17	2·04	2·29	1·76	1·80	1·91	1·19
2·65	1·95	1·39	1·31	1·46	1·63	1·96	1·67	1·56	1·53
1·55	1·56	1·67	1·81	2·04	1·58	2·16	2·12	2·14	2·10
//	2·05	//	//	//	//	//	*c.* 1·27	0·95	0·79
//	2·09	1·11	1·47	1·70	1·93	1·79	1·80	1·45	1·46
0·80	1·90	0·89	1·16	1·43	1·55	1·00	1·31	1·27	1·80
1·88	2·27	1·13	1·41	1·54	1·96	1·39	1·79	1·71	1·73
2·34	3·12	1·58	2·38	//	1·91	2·25	2·00	1·52	1·72
1·62	1·72	0·99	1·01	1·05	1·38	1·49	0·73	1·08	1·48
//	2·18	2·30	1·72	1·80	1·88	1·78	2·08	2·08	1·98
1·16	1·62	0·96	1·47	1·32	1·54	2·03	1·82	2·07	2·06
1·54	2·42	//	1·36	1·27	2·80	2·48	//	//	—
2·11	1·84	—	—	—	—	—	—	—	—
//	1·32	1·05	2·78	1·42	0·93	1·25	0·62	0·94	1·29
1·73	1·74	1·10	2·15	2·28	2·03	1·25	1·77	1·58	1·56
//	1·69	1·57	2·04	1·71	2·23	1·78	1·66	1·65	1·14
2·08	1·83	1·63	1·31	1·84	1·76	1·35	1·66[a]	1·69[a]	1·80
//	1·70	//	1·83	2·07	2·57	1·51	1·76	1·45	1·58
//	1·06	1·54	1·68	1·55	1·89	1·06	1·57	2·12	1·49
1·38	1·58	1·26	1·15	1·43	1·29	0·68	1·56	1·36	2·37
1·32	0·96	0·80	0·76	0·80	1·28	0·97	1·13	0·94	0·96
	1·34	1·35	1·59	1·42	//	1·28	2·00	1·35	1·97
	1·79	1·02	1·58	1·26	//	1·01	1·37	1·36	2·11
1·85	1·50	1·70	1·57	1·51	//	1·37	1·73	2·04	2·03
1·91	2·16	1·14	1·58	1·00	1·40	1·58	2·32	2·03	1·73

[a] Without Wargrave.

Appendix I

	1265	1268	1269	1270	1271	1272	1273
Calbourne	2·43	2·01	//	//	1·68	2·25	2·00
Brighstone	2·25	2·23	//	//	0·92	1·95	1·94
Fareham	1·00	1·23	//	//	1·30	1·25	1·04
Bitterne	0·98	1·29	//	//	//	1·25	//
Waltham	1·56	1·11	//	//	0·64	1·05	1·05
Twyford	1·13	1·23	//	//	1·15	1·23	1·22
Stoke	1·74	1·48	//	//	1·23	1·02	1·04
East Meon	1·69	2·19	//	//	1·87	1·41	1·82
East Meon Church	//	//	//	//	2·21	1·85	2·68
Hambledon	2·05	1·73	//	//	2·29	1·05	1·53
Alresford	1·01		1·58	1·15	1·76	1·15	1·64
Beauworth	1·70	0·98	//	//	1·42	1·43	1·43
Cheriton	1·23	0·80	//	//	1·41	1·43	1·50
Sutton	1·56	1·38	//	//	1·13	1·26	1·23
Wield	2·56		1·81	1·97	1·32	0·98	//
Crawley	1·44	1·09	//	//	0·79	0·55	1·08
Mardon	1·60	1·24	//	//	1·19	1·28	0·69
Bentley	1·86	0·93	//	//	1·56	1·21	1·04
Farnham	1·87	0·52	//	//	1·94	1·11	1·16
Esher	0·82	0·56	//	//	0·81	0·72	//
Burghclere	1·02	0·94	//	//	//	//	1·77
High Clere	1·25	0·85	//	//	//	//	//
Ecchinswell	1·37	1·12	//	//	//	//	1·35
Ashmansworth	1·59	1·39	//	//	//	//	1·24
Woodhay	1·31	0·89	//	//	//	//	1·46
Overton	1·71	1·32	//	//	1·72	1·19	2·18
North Waltham	1·63	1·43	1·60	1·45	1·76	1·09	1·57
Brightwell	—	1·35	//	//	—	—	—
Harwell	—	—	//	//	—	—	—
Morton	2·54	//	//	//	1·13[a]	1·38[a]	1·09[a]
West Wycombe	2·00	1·48	//	//	1·87	1·64	2·19
Ivinghoe	2·50	2·51	//	//	2·66	2·37	//
Wargrave	1·54	1·29	//	//	//	//	//
Adderbury	3·10	2·16	//	//	2·45	1·71	//
Witney	1·47	1·33	//	//	1·74	1·58	1·69
Downton	1·06	0·79	//	//	//	0·75	0·81
Bishopstone	0·99	0·88	//	//	1·02	0·74	0·92
Knoyle	1·53	1·24	//	//	1·03	1·00	1·09
Fonthill	2·26	2·05	//	//	1·54	1·55	1·64
Taunton	2·08	1·66	//	//	1·24	1·37	1·26
Rimpton	0·92	//	//	//	//	//	//

[a] These figures are highly dubious and should probably be increased by anything up to twice the amount shown. This is so because the acreages sown are very small, the total produce is very small and therefore the error due to the non-inclusion of corn given to servants is considerable. In previous years it is also not included in total produce but because the acreages and the total produce recorded are very much greater the error is not so serious.

1274	1277	1283	1284	1285	1286	1287	1288	1289	1290
1·95	1·98	2·30	//	//	//	//	//	//	//
1·45	2·24	2·18	//	//	//	//	//	//	//
0·96	0·86	1·23	1·32	1·44	1·28	1·29	1·34	1·37	1·30
//	0·73	1·64	1·13	0·69	1·03	1·18	0·68	0·92	//
1·39	1·36	1·90	1·88	2·12	2·01	1·76	1·89	1·52	1·24
1·08	1·61	//	//	//	//	//	//	//	//
1·05	1·99	//	//	//	//	//	//	//	//
1·69	1·81	1·72	1·69	1·19	1·00	1·07	1·35	1·35	1·50
2·56	2·24	1·75	1·74	1·64	1·50	1·32	2·11	1·79	1·34
1·47	1·66	1·95	1·62	2·02	1·66	2·10	1·85	1·99	//
1·54	1·99	1·43	1·23	2·35	1·69	1·26	1·13	1·11	1·07
1·33	1·59	1·04	1·19	1·53	0·68	1·00	1·12	1·11	0·98
1·49	1·53	1·20	1·41	1·39	0·92	0·83	1·29	1·02	0·92
0·92	1·13	0·91	0·84	1·08	0·70	0·75	0·88	0·76	0·75
//	//	1·41	1·24	1·40	0·91	0·81	1·07	1·18	1·43
1·09	1·28								
1·15	1·20	//	//	//	//	1·01	1·08	1·00	0·94
1·03	1·34	1·05	0·84	//	//	0·52	1·01	1·38	1·22
1·26	1·30	1·17	0·78	0·55	//	1·21[b]	1·60	1·37	1·55
//	//	0·87	0·86	0·81	0·73	0·77	1·03	0·78	0·73
1·15	1·49								
1·30	1·41								
1·08	1·28								
1·56	1·76								
1·19	1·48								
2·16	2·90	1·59	1·52	1·60	1·45	1·45	1·49	1·20	1·33
1·58	1·74	1·43	1·80	1·64	1·34	1·60	1·33	1·32	1·68
—	—	—	—	—	—	—	—	—	2·28
—	—	—	//	//	—	—	—	—	—
1·36[a]	1·25[a]	0·44[a]	0·71[a]	//	//	//	//	2·39	2·35
1·55	1·64	1·60	1·71	2·02	1·26	1·61	1·67	1·14	2·01
//	1·25	1·00	1·26	1·12	0·85	1·94	1·85	//	1·44
//	0·99	//	1·22	0·68	0·99	1·14	1·01	1·03[c]	1·52[c]
//	1·81	1·94	1·89	1·38	1·42	2·00	1·48	1·41	2·38
1·47	1·57	1·27	1·98	2·06	1·48	1·87	1·91	1·42	1·98
0·92	0·83	0·83	0·92	1·22	1·15	0·68	0·66	0·74	1·28
0·85	0·86	0·69	0·76	0·95	0·82	0·81	0·74	0·59	1·20
0·76	1·13	0·69	0·63	0·77	1·01	1·75	1·92	1·71	1·87
1·78	1·95	1·50	1·31	1·79	1·78	1·57	1·98	1·46	1·43
1·25	1·30	1·77	1·36	1·78	1·45	1·21	1·49	1·26	1·67
//	//	1·28	1·13	1·04	0·89	0·88	1·47	1·25	1·49

[b] Without Seal from now on.
[c] Wargrave only.

	1291	1292	1297	1298	1299	1300	1301
Calbourne	//	//	//	//	//	//	//
Brighstone	//	//	//	//	//	//	//
Fareham	1·47	1·39	0·72	0·77	1·13	1·18	0·79
Bitterne	//	0·96	0·69	0·93	0·86	0·62	0·85
Waltham	0·97	1·15	1·44	1·71	1·38	1·53	1·54
Twyford	//	//	//	//	//	//	//
Stoke	//	//	//	//	//	//	//
East Meon	1·67	1·16	1·79	2·09	2·13	1·93	1·76
East Meon Church	1·35	2·20	2·10	2·42	1·62	2·26	2·04
Hambledon	//	1·75	1·44	1·69	1·68	1·82	1·26
Alresford	0·51	1·31	1·41	1·24	1·34	1·25	1·34
Beauworth	0·72	//	1·07	1·13	//	//	1·29
Cheriton	0·51	1·03	//	//	//	//	1·48
Sutton	0·26	0·77	//	//	0·83	0·89	0·91
Wield	0·60	1·03	1·53	1·43	1·43	1·96	1·72
Crawley							
Mardon	0·85	0·79	1·13	0·90	0·91	0·90	0·96
Bentley	1·03	//	1·19	1·15	0·82	1·01	0·96
Farnham	1·56	//	2·09	1·11	1·83	1·23	1·10
Esher	0·84	//	0·88	1·04	0·85	0·96	1·07
Burghclere							
High Clere							
Ecchinswell							
Ashmansworth							
Woodhay							
Overton	0·65	1·22	0·92	0·99	0·98	0·34	1·02
North Waltham	1·10	1·51	1·34	1·31	1·03	1·43	1·86
Brightwell	2·28	1·77	0·75	1·41	1·50	0·76	0·57
Harwell	—	—	—	—	—	—	—
Morton	1·44	1·00	2·08	4·32	1·96	2·18	2·09
West Wycombe	2·20	1·19	1·46	1·03	1·48	1·90	1·28
Ivinghoe	2·21	1·14	2·62	1·30	1·40	2·24	1·20
Wargrave	1·15	1·03	1·08	1·25	0·96	0·90	1·06
Adderbury	1·53	1·92	1·19	1·98	1·87	2·57	2·35
Witney	2·31	1·24	1·35	1·65	1·39	1·83	1·49
Downton	1·14	1·48	1·38	0·82	1·01	1·04	1·07
Bishopstone	0·68	0·85	0·98	1·25	0·91	1·02	1·25
Knoyle	1·19	1·07	1·57	1·59	1·56	1·44	1·41
Fonthill	1·48	1·69	1·46	1·23	1·68	1·45	1·07
Taunton	0·91	1·24	0·94	1·76	1·46	1·31	*c.* 1·38
Rimpton	1·05	//	1·37	1·55	1·04	1·16	1·21

1302	1306	1307	1308	1309	1310	1311	1312	1313	1314
//	//	//	//	//	//	//	//	//	//
//	//	//	//	//	//	//	//	//	//
1·80									
//									
1·68	1·09	1·54	1·67	1·38	1·58	1·77	1·26	1·17	1·40
1·27	1·33	1·75	1·87	1·73	2·26	1·45	1·27	1·08	1·18
1·25	0·82	1·36	1·32	1·27	1·47	1·25	0·66	0·99	1·23
1·61	0·98	1·34	1·42	0·65	1·21	1·11	0·79	1·00	1·02
//	0·86	1·27	1·24	0·57	1·26	1·05	0·87	1·02	1·11
1·70	1·55	1·41	2·04	1·63	1·89	1·91	1·33	1·40	1·56
1·04									
0·99	1·21	1·06	1·33	1·07	1·09	1·04	0·87	0·45	0·58
1·15	0·79	1·15	1·44	0·97	1·79	1·31	1·32	1·45	1·44
//	//	//	1·46	0·63	0·88	0·81	1·05	0·65	0·82
2·00	—	—	—	—	—	—	—	—	—
1·44	1·56	1·19	1·93	1·85	1·40	1·34	0·76	1·05	1·30
1·36	2·11	0·67	2·19	1·53	0·48	1·77	1·24	0·51	1·35
1·23	0·97	0·98	1·51	1·00	1·09	1·20	0·62	0·91	0·63
1·14	0·97	1·38	1·39	1·24	1·63	1·33	1·40	1·34	1·14
1·65									
1·88									
1·28									
1·50	1·08	1·53	1·78	1·49	1·23	1·97	//	1·24	1·45
1·58	1·41	1·13	1·75	1·57	1·21	1·77	1·71	1·34	1·21

	1315	1316	1317	1318	1325	1326	1327
Calbourne	//	//	//	//	//	//	//
Brighstone	//	//	//	//	//	//	//
Fareham					0·88	1·02	1·11
Bitterne					1·35	1·02	1·67
Waltham					1·17	1·56	1·86
Twyford					1·26	1·18	1·20
Stoke					1·76	1·30	1·16
East Meon					1·29	1·33	1·41
East Meon Church					//	0·98	//
Hambledon	1·31	1·10	1·26	1·15	1·11	0·97	1·19
Alresford	1·27	1·49	1·55	1·67	1·21	1·09	1·78
Beauworth	1·00	0·73	0·65	1·09	0·60	0·93	1·36
Cheriton	1·00	0·98	0·83	0·95	1·02	1·12	1·42
Sutton	1·25	0·80	0·84	0·89	0·74	0·68	1·16
Wield	1·54	//	1·22	1·32	1·14	0·99	1·48
Crawley					1·27	1·18	1·33
Mardon					1·25	1·01	1·19
Bentley	0·65	0·57	0·76	1·18	0·90	1·24	1·20
Farnham	0·95	1·15	0·77	1·04	1·01	1·03	1·10
Esher	0·81	0·58	//	//	1·07	1·26	1·08
Burghclere					1·21	1·25	1·37
High Clere					1·47	1·28	1·46
Ecchinswell					1·52	1·29	1·47
Ashmansworth					1·20	1·12	1·09
Woodhay					1·37	0·99	1·13
Overton					1·24	1·22	1·30
North Waltham					0·96	0·91	1·79
Brightwell					—	—	—
Harwell					0·86	1·47	—
Morton	1·10	—	—	—	—	—	—
West Wycombe	1·00	0·97	1·08	1·94	//	1·02	1·53
Ivinghoe	0·51	1·08	1·24	1·93	1·01	2·07	2·69
Wargrave	0·81	0·88	0·74	1·06	1·67	1·14	1·06
Adderbury					1·60	1·94	2·15
Witney					1·25	0·82	0·97
Downton	1·55	1·08	1·13	1·32	1·50	0·75	1·19
Bishopstone					1·45	0·86	1·39
Knoyle					1·25	0·87	1·10
Fonthill					1·21	0·92	1·00
Taunton	1·58	1·51	1·53	1·11	1·55	1·35	1·36
Rimpton	1·71	1·23	0·77	0·99	1·53	1·29	1·24

1328	1329	1330	1331	1332	1335	1336	1337	1338	1339
//	//	//	//	//	//	//	//	//	//
//	//	//	//	//	//	//	//	//	//
1·30	1·33	1·44	1·29	1·23	1·23	1·07	0·90	0·99	0·60
1·32	1·48	1·33	1·96	1·19	1·59	0·64	1·70	2·13	1·43
1·13	1·19	1·35	1·34	1·21	1·68	1·45	1·53	1·60	0·56
1·49	1·07	1·34	1·50	1·45	1·13	1·13	1·25	0·84	0·57
1·42	1·23	1·78	1·88	1·46	1·64	1·65	1·86	1·95	0·77
0·92	1·12	1·21	0·83	1·17	1·29	1·17	1·07	1·18	0·60
//	//	//	//	//	1·17	0·95	1·31	1·32	0·67
0·91	1·22	1·17	0·69	1·34	1·78	1·17	1·30	1·08	0·63
1·47	0·99	0·89	0·82	1·08	0·98	0·77	0·96	1·13	0·74
1·02	1·07	0·75	0·66	0·97	0·79	0·61	0·67	1·15	0·71
1·37	1·33	1·15	0·69	1·15	0·85	0·82	0·81	0·93	0·71
0·91	0·95	0·72	0·59	0·88	0·97	0·79	0·95	1·00	0·79
1·11	1·00	0·62	0·53	0·84	0·77	0·87	0·87	1·06	0·71
1·07	1·36	1·48	1·17	1·48	1·58	1·05	1·13	1·25	1·29
1·20	1·32	0·78	1·51	1·05	0·88	0·84	0·92	1·13	0·59
1·04	1·10	1·00	0·60	//	0·84	1·13	1·14	1·50	0·69
0·97	1·00	1·13	0·77	1·20	1·27	1·03	1·19	1·90	0·79
//	//	1·38	0·26	//	1·06	1·06	1·32	1·53	1·13
0·90	1·35	0·86	1·63	1·21	1·05	1·05	1·50	1·19	0·58
0·79	1·15	0·62	1·13	1·11	0·99	1·13	1·15	1·10	0·88
0·42	1·26	1·10	1·98	1·52	1·35	1·31	1·33	1·22	1·04
1·14	1·40	0·63	1·16	0·98	0·94	0·81	0·94	0·77	0·75
1·00	//	0·71	1·20	1·04	1·00	0·98	0·91	1·10	0·54
1·65	1·10	1·06	0·77	1·08	1·00	0·80	0·85	1·40	0·86
1·54	1·02	0·96	0·73	0·90	0·99	0·79	1·25	1·14	0·76
—	—	—	—	//	—	—	—	—	—
—	—	—	—	//	—	0·92	0·80	1·17	0·87
//	//	//	//	//	1·54	//	2·30	3·65	1·44
1·26	1·01	//	//	//	0·66	1·09	1·04	1·08	0·79
1·54	1·70	1·66	0·44	1·63	1·32	1·31	0·95	1·86	1·24
1·17	0·94	1·18	2·82	1·45	1·33	1·63	0·96	1·37	1·03
1·67	2·96	2·43	0·81	//	3·65	3·00	3·38	2·88	2·63
0·97	1·43	1·03	1·41	//	1·20	0·99	0·98	0·89	0·79
1·30	1·24	1·38	1·53	1·28	1·03	1·48	2·17	1·72	1·42
//	1·54	1·16	1·88	1·16	1·01	1·26	1·76	1·45	1·21
0·75	0·87	0·88	1·26	1·14	1·02	1·03	0·94	1·30	0·71
1·00	1·41	1·25	1·84	1·39	1·07	0·98	0·77	0·78	0·94
1·52	1·36	1·08	1·84	1·09	1·92	1·42	1·06	1·32	1·22
0·84	0·98	1·47	1·31	1·22	1·29	2·23	1·24	1·49	1·50

	1340	1341	1342	1343	1344	1345	1346
Calbourne	//	//	//	//	//	//	//
Brighstone	//	//	//	//	//	//	//
Fareham	0·77	1·27	1·27	1·32	1·03	0·86	1·25
Bitterne	1·15	1·71	1·64	1·39	1·61	0·64	1·24
Waltham	1·27	0·80	1·42	1·17	1·36	0·90	1·20
Twyford	0·88	1·03	1·07	0·99	0·88	0·42	1·37
Stoke	1·45	1·30	1·70	1·55	1·74	0·75	1·73
East Meon	1·01	1·27	1·22	1·20	1·44	0·94	1·06
East Meon Church	0·88	1·06	0·75	0·87	1·26	0·89	0·83
Hambledon	0·96	1·24	0·94	1·26	1·05	0·88	1·12
Alresford	0·72	0·91	1·18	0·84	0·77	0·77	1·41
Beauworth	0·65	0·66	1·19	0·84	0·85	0·53	0·80
Cheriton	0·66	0·74	0·99	1·07	1·00	0·54	0·88
Sutton	0·85	1·22	1·20	1·01	1·03	0·88	1·22
Wield	0·77	0·77	1·36	1·18	1·54	0·99	1·01
Crawley	1·08	1·23	1·42	1·45	1·49	1·13	1·71
Mardon	0·69	0·94	1·25	1·09	1·16	0·57	1·33
Bentley	0·90	1·21	1·48	1·08	1·29	1·04	1·00
Farnham	—	1·19	1·63	1·81	1·48	//	1·00
Esher	1·33	//	//	0·92	0·72	0·94	//
Burghclere	0·77	1·04	1·26	0·89	1·30	0·32	1·02
High Clere	1·13	1·15	1·31	0·87	1·32	0·51	1·19
Ecchinswell	1·18	1·31	1·47	1·00	1·62	0·67	1·25
Ashmansworth	0·88	1·30	1·27	0·79	1·00	0·26	1·32
Woodhay	0·65	0·97	1·30	0·84	0·93	0·55	0·86
Overton	0·52	1·41	1·10	1·12	1·08	0·70	1·17
North Waltham	0·86	0·92	1·02	0·95	0·97	0·55	1·14
Brightwell	—	—	//	//	0·72	0·70	0·72
Harwell	0·63	0·55	1·09	0·66	0·70	0·44	0·69
Morton	2·04	2·79	2·75	1·41	1·15	1·31	0·90
West Wycombe	1·01	0·85	1·43	1·21	1·21	0·63	1·41
Ivinghoe	1·03	1·57	1·70	0·76	1·81	0·87	0·87
Wargrave	0·94	0·67	1·05	1·11	1·12	0·83	1·04
Adderbury	1·70	1·52	2·48	2·07	1·83	1·97	2·19
Witney	0·46	0·92	1·09	0·75	0·75	0·30	0·88
Downton	1·36	1·42	1·64	1·44	1·52	0·75	1·07
Bishopstone	1·04	1·18	0·82	1·04	1·00	0·86	1·08
Knoyle	1·05	0·98	0·91	0·76	1·02	0·60	0·75
Fonthill	0·78	0·98	1·24	1·55	1·13	1·08	1·70
Taunton	1·53	1·36	1·39	1·15	1·43	0·60	0·76
Rimpton	1·28	0·83	1·65	1·12	1·44	0·49	1·09

1347	1348	1349
//	//	//
//	//	//
1·26	//	//
1·39	1·30	0·94
1·35	1·01	0·86
1·38	0·87	0·54
1·53	//	1·09
1·54	1·16	0·96
1·18	1·43	0·68
1·92	1·41	0·93
1·54	1·50	0·70
1·31	0·65	0·89
1·16	0·69	0·21
1·40	1·01	0·92
1·22	0·86	0·40
1·43	1·30	1·05
1·33	0·89	0·71
1·42	1·71	0·54
0·91	1·70	0·90
//	0·86	0·51
1·46	0·78	0·32
1·34	1·11	0·29
1·85	1·02	1·08
1·69	0·94	0·32
0·94	0·86	0·59
1·40	0·95	0·27
1·03	1·21	0·57
0·75	1·30	1·88
0·97	1·63	0·94
1·00	2·00	0·67
1·05	1·34	1·24
1·07	1·59	0·72
1·30	1·13	0·96
1·61	1·73	0·73
0·99	1·35	0·61
1·06	2·11	1·19
1·07	1·09	1·37
0·97	0·79	0·61
1·22	1·18	0·90
1·38	0·97	0·77
1·26	1·66	1·06

J Gross yield of mancorn, rye and drage per acre[a]

	(in quarters)							
	1211	1218	1219	1220	1224	1225	1226	1232
Mancorn								
Burghclere					1·44			//
High Clere					1·32			1·38
Ecchinswell					1·99			0·82
Ashmansworth					//			—
Woodhay					//			1·30
Overton								//
North Waltham								0·63
West Wycombe	1·11	//	1·66	4·99	1·23	1·05	1·87	2·64
Wargrave								//
Fonthill	//	//	//	//	//	//	//	//
Rye								
Brightwell								—
Adderbury								—
Taunton	//	0·88	1·10	1·08	0·82	1·90	1·11	1·15
Drage								
Brightwell								2·57
Harwell								2·66
Adderbury								—
Witney								—

[a] Blank spaces represent years in which acreages are expressed in customary acres.

1236	1245	1246	1247	1248	1252	1253	1254	1257	1265
2·18	1·65	1·32	1·17	1·78	1·04	0·79	1·75	1·70	1·11
2·00	1·26	0·75	1·19	0·96	1·11	0·81	1·28	//	1·31
2·36	2·18	1·18	—	2·23	1·46	—	2·53	1·91	1·38
2·35	3·97	1·94	//	2·42	1·78	1·81	1·38	1·55	1·72
1·44	1·21	0·95	1·19	1·29	0·89	1·25	1·63	1·71	0·88
1·67	1·04	0·45	0·61	0·60	1·21	1·09	1·15	1·05	1·17
0·91	1·16	0·59	1·34	0·79	1·42	0·94	1·18	1·28	0·96
1·06	1·46	1·22	1·04	1·30	1·30	//	//	0·55	1·29
0·98	1·39	1·47	1·50	1·51	1·30	1·56	1·28	1·09	1·34
1·16	1·29	1·10	1·09	0·48	0·97	0·87	//	1·41	1·32
3·59	//	2·40	1·36	2·36	2·52	1·66	1·59	1·79	1·76
1·45	//	1·73	1·60	1·72	1·50	1·35	1·81	1·19	2·07
0·79	1·71	1·14	1·31	1·73	1·75	1·86	1·63	1·53	1·14
1·96	//	1·51	1·36	2·23	1·34	//	1·59	1·59	1·02
//	//	1·41	1·39	1·56	1·21	1·52	//	1·11	1·35
—	—	—	—	—	—	—	—	—	2·62
—	—	2·62	2·63	1·86	0·93	—	—	2·10	1·70

	1268	1269	1270	1271	1272	1273	1274	1277
Mancorn								
Burghclere	0·82	//	//	//	//	1·09	1·26	1·34
High Clere	0·94	//	//	//	//	0·95	0·81	0·94
Ecchinswell	2·00	//	//	//	//	1·09	3·17	2·58
Ashmansworth	1·09	//	//	//	//	1·16	0·87	1·47
Woodhay	0·61	//	//	//	//	0·90	0·98	0·84
Overton	0·95	//	//	1·11	1·60	1·49	2·12	2·05
North Waltham	1·19	1·31	0·45	0·81	1·60	1·56	1·72	1·65
West Wycombe	1·21	//	//	1·34	1·69	1·06	1·30	1·38
Wargrave	1·18	//	//	//	//	//	//	1·23
Fonthill	1·13	//	//	0·91	0·96	1·08	0·86	0·74
Rye								
Brightwell	1·86	//	//	1·56	1·74	1·40	1·94	1·46
Adderbury	2·28	//	//	1·71	1·86	//	//	1·91
Taunton	1·29	//	//	0·70	1·03	1·02	0·97	1·44
Drage								
Brightwell	2·03	//	//	1·69	1·50	0·76	2·18	2·10
Harwell	1·37	//	//	0·86	1·46	1·03	0·95	0·78
Adderbury	2·01	//	//	3·04	2·17	//	//	2·65
Witney	1·61	//	//	1·64	1·53	1·40	1·68	—

1283	1284	1285	1286	1287	1288	1289	1290	1291	1292
1·08	1·20	1·48	1·35	1·66	1·12	0·61	0·75	0·91	1·06
1·35	1·60	1·38	0·96	0·99	0·96	0·54	0·83	0·70	0·51
0·90	1·24	0·97	0·74	1·84	0·74	0·53	0·85	1·01	0·80
1·12	0·64	0·86	0·98	1·38	1·44	1·13	0·50	1·31	1·36
1·05	1·17	1·27	1·28	1·73	1·61	0·92	1·25	1·79	1·27
1·60	2·03	1·24	0·70	1·91	1·67	1·19	1·45	1·30	1·39
0·90	1·02	1·14	1·22	1·24	1·41	1·35	1·30	0·92	1·40
0·31	0·49	0·66	0·71	0·82	1·30	1·32	0·73	0·84	1·47
1·82	1·51	1·15	0·74	2·12	1·74	1·46	1·24	1·97	1·22
0·94	//	//	1·00	1·64	1·50	1·21	1·31	1·11	//
1·63	1·78	1·29	1·51	1·96	1·45	1·38	0·88	1·34	0·77
1·16	—	—	1·68	—	—	2·93	//	//	2·53

	1297	1298	1299	1300	1301	1302	1306	1307
Mancorn								
Burghclere								
High Clere								
Ecchinswell								
Ashmansworth								
Woodhay								
Overton	1·07	1·16	1·14	1·07	2·01			
North Waltham	0·81	0·91	0·85	1·15	1·34			
West Wycombe	0·74	0·71	0·93	1·11	0·62	0·77	0·52	0·71
Wargrave	1·04	1·45	1·21	1·07	1·37	1·22	1·21	1·62
Fonthill	1·00	1·74	1·90	1·56	0·95	1·00		
Rye								
Brightwell	0·96	1·27	1·28	1·32	1·16			
Adderbury	1·27	1·13	1·25	1·51	1·80			
Taunton	0·45	0·75	0·59	0·40	0·69	0·82	1·37	—
Drage								
Brightwell	0·97	1·08	1·51	1·50	1·51			
Harwell	0·68	1·13	1·16	1·74	1·81			
Adderbury	0·83	1·21	1·35	1·07	1·97			
Witney	1·57	1·11	1·69	2·00	2·04			

Mancorn, rye, drage: yields per acre

1308	1309	1310	1311	1312	1313	1314	1315	1316	1317
1·08	1·06	0·94	1·32	1·02	1·07	0·93	0·61	0·46	0·61
0·84	1·41	1·45	1·21	1·39	1·37	0·94	0·88	0·82	0·89
1·30	0·87	0·87	0·47	1·11	1·23	0·50	1·24	0·40	0·58

Appendix J

	1318	1325	1326	1327	1328	1329	1330	1331
Mancorn								
Burghclere		2·43	2·30	1·19	1·23	1·15	1·22	1·65
High Clere		0·86	2·15	1·46	0·61	1·26	1·15	1·08
Ecchinswell		2·83	2·32	1·58	1·76	1·80	1·83	1·67
Ashmansworth		1·28	1·04	1·27	1·55	2·21	1·06	1·19
Woodhay		1·89	1·24	1·25	1·14	1·44	0·63	1·31
Overton		1·35	1·18	1·34	1·31	1·50	0·92	0·98
North Waltham		1·03	0·38	1·32	1·13	1·16	0·87	0·50
West Wycombe	0·87	1·31	1·98	1·11	0·79	1·31	//	//
Wargrave	1·23	1·55	1·80	2·09	1·24	1·11	1·88	1·03
Fonthill		1·04	0·10	0·83	1·25	1·25	1·00	1·04
Rye								
Brightwell		0·92	1·56	1·16	1·71	1·60	1·48	1·45
Adderbury		1·65	1·29	1·22	1·80	1·82	1·43	0·77
Taunton	1·51	—	1·63	1·77	1·84	1·17	1·11	—
Drage								
Brightwell		1·60	2·35	2·64	1·80	2·41	1·55	1·82
Harwell		1·44	2·01	1·91	1·27	1·83	0·96	2·64
Adderbury		2·05	1·65	2·14	1·42	2·23	1·98	1·30
Witney		2·22	0·94	1·63	1·07	1·52	1·53	1·71

1332	1335	1336	1337	1338	1339	1340	1341	1342	1343
0·93	2·11	1·03	2·73	2·29	0·64	1·15	1·91	1·89	1·65
1·19	1·25	0·96	1·60	1·51	0·22	1·08	1·08	0·96	0·99
1·83	1·75	3·09	4·41	2·78	1·18	2·36	1·37	1·39	2·25
1·00	0·84	0·31	1·74	1·23	0·35	1·39	1·50	0·50	1·08
1·29	1·38	1·17	1·71	1·27	0·68	1·25	1·58	1·36	1·16
1·32	1·15	0·79	0·71	0·92	0·71	0·96	0·93	0·65	0·84
1·17	1·15	1·08	1·52	1·41	0·64	1·71	0·97	1·63	1·27
//	0·93	0·89	1·05	1·49	0·47	1·11	1·13	0·89	0·77
1·70	1·06	1·29	1·65	1·01	0·71	1·18	1·04	1·02	0·99
1·13	0·09	0·89	1·27	1·08	0·11	0·36	//	0·75	1·00
//	1·37	1·59	1·91	1·33	1·44	2·29	1·14	1·81	1·27
//	1·90	2·03	2·40	1·05	1·35	1·45	1·12	1·15	1·67
0·81	0·95	—	—	1·21	—	—	0·65	—	—
//	1·47	2·03	2·46	2·15	2·58	1·63	1·55	2·04	2·03
//	1·41	1·30	1·22	2·06	2·30	1·22	1·69	1·44	1·79
//	2·46	2·53	2·53	2·42	1·82	1·51	1·61	1·52	2·22
//	1·42	1·36	1·97	2·01	1·15	0·65	1·63	1·32	1·40

Appendix J

	1344	1345	1346	1347	1348	1349
Mancorn						
Burghclere	2·38	1·56	1·10	1·47	0·35	1·17
High Clere	1·57	0·98	0·85	1·27	1·09	0·68
Ecchinswell	2·87	3·27	2·69	1·86	2·66	1·49
Ashmansworth	0·65	0·37	0·67	1·23	1·19	0·58
Woodhay	1·14	0·73	0·85	1·14	1·08	0·80
Overton	1·18	1·24	1·08	0·80	0·76	0·26
North Waltham	1·02	0·96	1·26	0·78	1·05	0·81
West Wycombe	1·50	1·02	0·68	0·66	1·03	0·77
Wargrave	1·10	1·71	0·91	0·88	1·21	0·64
Fonthill	0·75	0·75	1·17	0·47	0·88	—
Rye						
Brightwell	1·62	1·65	1·05	1·22	1·76	0·93
Adderbury	1·37	1·52	0·98	1·12	1·42	0·62
Taunton	1·16	—	—	—	—	—
Drage						
Brightwell	2·48	2·45	2·77	1·52	2·13	1·38
Harwell	1·61	2·16	1·43	1·44	1·34	1·47
Adderbury	2·19	2·30	1·43	1·94	2·16	0·93
Witney	1·25	1·08	1·02	1·39	1·60	0·81

K Yields: period averages and acreages corresponding to specified changes in productivity

	Period I 1209–70	Period II 1271–99	Period III 1300–24	Period IV 1325–49	Overall average 1209–1349
Fareham					
Yield per seed (× seed)					
Wheat	3·22(18)[a]	2·99(19)	3·65(19)	3·85(22)	3·44(78)
Barley	4·51(19)	3·45(18)	3·37(19)	3·39(23)	3·69(79)
Oats	2·58(19)	1·94(18)	2·24(18)	2·16(22)	2·23(77)
Combined average	3·44	2·79	3·09	3·13	
Yield per acre (in bushels)					
Wheat	8·3(12)[b]	7·3(18)	//[c]	9·5(23)	8·5(55)
Barley	22·1(12)	17·0(18)	//	18·1(22)	18·4(54)
Oats	12·8(12)	9·5(18)	//	11·9(21)	11·2(53)
Combined average	14·4	11·3	//	13·2	
Change in productivity[d]					
Worse		242(WBO)	99(BO)	73(BO)	
No change[e]		nil	nil	nil	
Better		nil	88(W)	53(W)	
Bitterne					
Yield per seed					
Wheat	3·13(18)	2·98(14)	3·18(17)	3·35(23)	3·18(72)
Barley	3·59(18)	3·06(13)	2·88(16)	3·74(23)	3·39(70)
Oats	2·42(18)	1·64(13)	1·95(16)	2·20(23)	2·10(70)
Combined average	3·05	2·56	2·67	3·10	
Yield per acre					
Wheat	9·2(12)[b]	8·7(13)	//	8·2(23)	8·6(50)
Barley	15·5(12)	12·4(14)	//	15·0(23)	14·2(51)
Oats	12·0(12)	7·8(13)	//	11·0(23)	10·2(50)
Combined average	12·2	9·6	//	11·4	
Change in productivity					
Worse		81(WBO)	45½(BO)	15(O)	
No change		nil	21½(W)	nil	
Better		nil	nil	29½(WB)	

[a] Figures in brackets indicate the number of calculations going into each average.

[b] The period covered is 1232–69; prior to 1232 customary acres were in use. This applies to all the crops in this period.

[c] Throughout this appendix periods marked // were omitted because of the use of customary acres.

[d] Based on yields per seed and measured in each period against the position in period I. The figure entered in each column is the average acreage for the period (rounded off to the nearest acre) of all the crops subject to the specified change in productivity. The average acreages include customary acres converted into approximate measured equivalents. The symbols in brackets indicate the crops involved: W = wheat, B = barley, O = oats, M = mancorn, R = rye, D = drage.

[e] Changes in yields per seed falling between ±0 and 0·09 were counted by me as 'no change'.

Appendix K

	Period I 1209–70	Period II 1271–99	Period III 1300–24	Period IV 1325–49	Overall average 1209–1349
Waltham					
Yield per seed					
Wheat	3·08(18)	3·53(19)	3·30(19)	3·26(23)	3·29(79)
Barley	4·44(18)	3·04(18)	2·99(18)	3·23(23)	3·42(77)
Oats	2·55(18)	2·14(18)	1·95(18)	2·23(23)	2·22(77)
Combined average	3·36	2·90	2·75	2·91	
Yield per acre					
Wheat	8·0(11)[a]	9·9(18)	//	8·2(23)	8·8(54)
Barley	19·4(11)	14·1(18)	//	13·5(23)	15·0(54)
Oats	13·1(10)	11·8(18)	//	10·1(23)	11·3(53)
Combined average	13·5	11·9	//	10·6	
Change in productivity					
Worse		232(BO)	173(BO)	107(BO)	
No change		nil	nil	nil	
Better		146(W)	158(W)	71(W)	
Twyford (with Marwell)					
Yield per seed					
Wheat	3·64(17)	3·44(17)	3·12(16)	3·12(23)	3·32(73)
Barley	4·14(16)	2·81(16)	3·36(15)	2·52(23)	3·14(70)
Oats	2·55(17)	2·17(16)	2·09(15)	1·76(23)	2·11(71)
Combined average	3·44	2·81	2·86	2·47	
Yield per acre					
Wheat	8·8(17)[b]	[8·2](5)[c]	//	7·5(23)	8·1(46)
Barley	15·3(17)	[13·3](5)	//	10·2(23)	12·6(46)
Oats	10·7(17)	[10·1](5)	//	8·6(23)	9·7(46)
Combined average	11·6	[10·5]	//	8·8	
Change in productivity					
Worse		551(WBO)	475(WBO)	342(WBO)	
No change		nil	nil	nil	
Better		nil	nil	nil	
Stoke					
Yield per seed					
Wheat	4·57(16)	4·68(17)	4·29(17)	3·95(23)	4·34(73)
Barley	4·35(16)	3·22(16)	3·79(17)	3·10(23)	3·56(72)
Oats	3·24(19)	2·27(16)	2·40(16)	2·44(22)	2·60(73)
Combined average	4·05	3·39	3·49	3·16	
Yield per acre					
Wheat	10·6(10)[a]	[11·0](5)	//	8·8(23)	9·6(38)
Barley	14·3(10)	[15·4](5)	//	12·3(23)	13·2(38)
Oats	14·0(12)	[10·1](5)	//	11·9(22)	12·3(39)
Combined average	13·0	[12·2]	//	11·0	
Change in productivity					
Worse		95(BO)	130(WBO)	70½(WBO)	
No change		nil	nil	nil	
Better		51½(W)	nil	nil	

[a] 1232–69: all crops in this period.
[b] 1211–69: all crops in this period.
[c] 1271–77: all crops in this period.

	Period I 1209–70	Period II 1271–99	Period III 1300–24	Period IV 1325–49	Overall average 1209–1349
East Meon					
Yield per seed					
Wheat	5·10(17)	4·64(19)	4·79(19)	5·88(23)	5·14(78)
Barley	3·86(19)	3·36(18)	3·75(19)	3·26(23)	3·56(79)
Oats	3·09(18)	2·18(18)	2·44(18)	2·30(23)	2·49(77)
Combined average	4·02	3·39	3·66	3·81	
Yield per acre					
Wheat	15·0(12)[a]	13·5(18)	//	13·3(23)	13·8(55)
Barley	18·8(12)	20·1(18)	//	13·4(23)	17·1(55)
Oats	19·3(12)	12·6(18)	//	9·2(23)	12·7(55)
Combined average	17·7	15·4	//	12·0	
Change in productivity					
Worse		570(WBO)	487½(WBO)	323(BO)	
No change		nil	nil	nil	
Better		nil	nil	141(W)	
East Meon Church					
Yield per seed					
Wheat	//[b]	4·15(19)	4·91(18)	4·66(15)	4·56(52)
Barley	//	3·33(12)	3·46(16)	3·06(17)	3·34(44)
Oats	//	2·53(18)	2·32(17)	2·03(16)	2·30(51)
Combined average	//	3·34	3·56	3·25	
Yield per acre					
Wheat	//	11·9(18)	//	10·0(16)	11·3(36)
Barley	//	20·8(12)	//	12·1(16)	16·1(30)
Oats	//	15·3(18)	//	8·1(16)	12·2(36)
Combined average	//	16·0	//	10·1	
Change in productivity: cannot be measured against period I					
Hambledon					
Yield per seed					
Wheat	2·87(18)	3·50(17)	3·54(19)	3·67(23)	3·41(77)
Barley	4·16(18)	3·48(16)	3·91(19)	4·24(23)	3·99(76)
Oats	2·79(19)	2·36(16)	2·19(17)	2·28(23)	2·41(75)
Combined average	3·27	3·11	3·21	3·40	
Yield per acre					
Wheat	9·5(12)[a]	8·7(16)	8·8(16)	9·2(23)	9·0(67)
Barley	21·0(12)	17·5(16)	19·2(16)	21·4(23)	19·9(67)
Oats	17·0(12)	13·9(16)	11·2(16)	9·1(23)	12·0(67)
Combined average	15·8	13·4	13·1	13·2	
Change in productivity					
Worse		169½(BO)	165(BO)	94(O)	
No change		nil	nil	36(B)	
Better		62(W)	65(W)	58½(W)	

[a] 1232–69: all crops in this period.
[b] Manorial produce cannot be separated from the tithes.

Appendix K

	Period I 1209–70	Period II 1271–99	Period III 1300–24	Period IV 1325–49	Overall average 1209–1349
Alresford					
Yield per seed					
Wheat	2·77(17)	3·13(19)	4·27(19)	4·12(23)	3·62(78)
Barley	3·37(20)	2·88(17)	3·72(19)	2·95(22)	3·23(78)
Oats	2·26(20)	2·25(18)	2·53(18)	2·11(23)	2·27(79)
Combined average	2·80	2·75	3·51	3·06	
Yield per acre					
Wheat	8·3(14)[a]	9·4(18)	9·1(16)	9·3(23)	9·0(71)
Barley	13·4(14)	12·7(17)	14·6(16)	11·7(22)	13·0(69)
Oats	12·4(13)	11·2(18)	11·9(16)	8·4(23)	10·6(70)
Combined average	11·4	11·1	11·9	9·8	
Change in productivity					
Worse		45(B)	nil	108(BO)	
No change		68(O)	nil	nil	
Better		43½(W)	168(WBO)	49½(W)	
Beauworth					
Yield per seed					
Wheat	3·81(17)	3·90(17)	3·59(18)	3·57(23)	3·70(75)
Barley	3·43(17)	2·98(17)	3·04(18)	2·93(23)	3·09(75)
Oats	2·20(17)	2·35(16)	2·22(18)	1·71(23)	2·08(74)
Combined average	3·15	3·08	2·95	2·74	
Yield per acre					
Wheat	11·8(12)[a]	11·6(17)	8·8(15)	8·2(23)	9·8(67)
Barley	15·0(11)	11·8(16)	12·2(15)	9·5(23)	11·6(65)
Oats	11·4(12)	9·4(16)	8·7(15)	6·8(23)	8·7(66)
Combined average	12·7	10·9	9·9	8·2	
Change in productivity					
Worse		10(B)	45(WB)	91½(WBO)	
No change		27(W)	57½(O)	nil	
Better		60(O)	nil	nil	
Cheriton					
Yield per seed					
Wheat	2·80(18)	3·08(15)	3·21(18)	3·51(23)	3·18(74)
Barley	3·28(17)	2·53(15)	2·73(18)	2·92(23)	2·88(73)
Oats	2·12(16)	1·92(15)	2·04(16)	1·86(23)	1·97(70)
Combined average	2·73	2·51	2·66	2·76	
Yield per acre					
Wheat	8·7(12)[a]	7·9(15)	6·8(15)	7·9(23)	7·8(65)
Barley	14·4(12)	10·1(15)	10·4(15)	11·8(23)	11·5(65)
Oats	11·8(11)	9·5(15)	8·7(15)	7·4(23)	9·0(64)
Combined average	11·6	9·2	8·6	9·0	
Change in productivity					
Worse		169(BO)	46(B)	127½(BO)	
No change		nil	106(O)	nil	
Better		95(W)	100(W)	78(W)	

[a] 1232–69, but Alresford yields include 1270 in the first period's average; all crops.

	Period I 1209–70	Period II 1271–99	Period III 1300–24	Period IV 1325–49	Overall average 1209–1349
Sutton					
Yield per seed					
Wheat	2·08(18)	2·60(16)	3·20(16)	2·64(23)	2·61(73)
Barley	2·65(18)	2·62(16)	3·08(18)	2·82(23)	2·79(75)
Oats	1·85(19)	1·78(16)	2·01(17)	1·90(23)	1·89(75)
Combined average	2·19	2·33	2·76	2·45	
Yield per acre					
Wheat	6·8(12)[a]	7·9(16)	7·9(13)	5·9(23)	7·0(64)
Barley	12·2(12)	10·4(16)	13·0(15)	10·5(23)	11·3(66)
Oats	11·6(12)	7·1(16)	7·9(15)	7·6(23)	8·3(66)
Combined average	10·2	8·5	9·6	8·0	
Change in productivity					
Worse		nil	nil	nil	
No change		134(BO)	nil	71½(O)	
Better		54(W)	172(WBO)	79½(WB)	
Wield					
Yield per seed					
Wheat	3·20(16)	3·83(16)	4·76(18)	4·06(23)	3·99(73)
Barley	3·77(19)	2·62(15)	2·97(18)	2·85(23)	3·08(75)
Oats	2·21(18)	1·94(15)	2·59(18)	1·92(23)	2·16(74)
Combined average	3·06	2·80	3·44	2·94	
Yield per acre					
Wheat	9·2(12)[a]	9·5(15)	11·7(15)	9·2(23)	9·8(65)
Barley	12·5(8)	10·3(14)	12·4(15)	10·1(23)	11·0(60)
Oats	10·8(11)	9·5(15)	12·9(15)	7·7(23)	9·8(64)
Combined average	10·8	9·8	12·3	9·0	
Change in productivity					
Worse		70½(BO)	10½(B)	65½(BO)	
No change		nil	nil	nil	
Better		40½(W)	98½(W)	37(W)	
Crawley					
Yield per seed[b]					
Wheat	4·26(19)	4·14(19)	3·56(19)	3·86(23)	3·95(80)
Barley	3·81(19)	2·50(18)	2·79(19)	3·02(23)	3·05(79)
Oats	2·12(19)	1·75(18)	1·95(18)	2·13(23)	2·00(78)
Combined average	3·40	2·80	2·77	3·00	
Yield per acre					
Wheat	10·3(11)[a]	[8·6](5)	//	9·4(23)	9·5(39)
Barley	15·8(11)	[10·0](5)	//	12·2(23)	12·9(39)
Oats	11·8(11)	[7·7](5)	//	10·4(23)	10·4(39)
Combined average	12·6	[8·8]	//	10·6	
Change in productivity					
Worse		294(WBO)	245(WBO)	108(WB)	
No change		nil	nil	67(O)	
Better		nil	nil	nil	

[a] 1232–69 but Wield includes 1270 in the first period; all crops.

[b] Mancorn was also sown regularly at Crawley over the first two periods; it too shows a decline: 2·83(18) and 2·38(15).

Appendix K

	Period I 1209–70	Period II 1271–99	Period III 1300–24	Period IV 1325–49	Overall average 1209–1349
Mardon					
Yield per seed					
Wheat	3·98(16)	3·87(17)	3·79(18)	3·40(23)	3·73(74)
Barley	4·39(18)	3·47(18)	3·42(19)	2·97(23)	3·52(78)
Oats	2·98(18)	1·93(17)	1·85(18)	1·69(23)	2·09(76)
Combined average	3·78	3·09	3·02	2·69	
Yield per acre					
Wheat	10·9(12)[a]	7·0?(14)[b]	//	8·3(23)	8·6(50)
Barley	19·2(11)	13·6(15)	//	11·9(23)	14·1(52)
Oats	14·7(12)	8·1(14)	//	8·2(23)	9·6(52)
Combined average	14·9	9·6?	//	9·5	
Change in productivity					
Worse		538(WBO)	420½(WBO)	309(WBO)	
No change		nil	nil	nil	
Better		nil	nil	nil	
Bentley					
Yield per seed					
Wheat	4·05(17)	4·38(19)	4·88(19)	4·97(22)	4·60(76)
Barley	3·43(17)	3·06(17)	2·86(19)	4·06(22)	3·34(75)
Oats	2·20(17)	1·75(17)	1·78(19)	2·17(22)	1·98(75)
Combined average	3·23	3·06	3·17	3·73	
Yield per acre					
Wheat	11·7(12)[a]	11·8(15)	11·4(16)	11·2(22)	11·5(65)
Barley	15·2(12)	12·8(15)	12·0(16)	16·3(20)	14·2(63)
Oats	13·3(12)	8·7(15)	7·4(16)	8·7(22)	9·2(65)
Combined average	13·4	11·1	10·3	12·1	
Change in productivity					
Worse		91(BO)	67½(BO)	nil	
No change		nil	nil	68(O)	
Better		81(W)	83½(W)	81(WB)	
Farnham (excluding Seal)					
Yield per seed					
Wheat	3·30(15)	2·89(15)	2·88(19)	4·21(23)	3·32(72)
Barley	3·81(16)	3·50(16)	3·09(19)	3·75(22)	3·54(73)
Oats	2·53(16)	2·16(17)	2·22(18)	2·37(21)	2·32(72)
Combined average	3·21	2·85	2·73	3·44	
Yield per acre					
Wheat	9·7(11)[a]	7·4(15)	6·8(16)	10·0(23)	8·5(65)
Barley	18·6(12)	15·0(16)	12·2(16)	15·0(22)	15·2(66)
Oats	14·8(12)	11·5(16)	9·5(16)	9·5(21)	11·3(65)
Combined average	14·3	11·3	9·5	11·5	
Change in productivity					
Worse		66(WBO)	64(WBO)	16(O)	
No change		nil	nil	19½(B)	
Better		nil	nil	31½(W)	

[a] 1232–69: all crops in this period.

[b] There is some doubt whether the acres under wheat in six years in this period are in fact measured acres; if they are, the average yield is 7·0(14); excluding them it is 8·2(8). The combined average yield is either 9·6 or 10·0.

	Period I 1209–70	Period II 1271–99	Period III 1300–24	Period IV 1325–49	Overall average 1209–1349
Esher[a]					
Yield per seed					
Rye	3·20(6)	3·72(12)	3·06(11)	3·42(13)[c]	3·37(42)
Barley	2·64(8)	3·30(13)	3·03(12)	2·35(7)	2·90(40)
Oats	1·70(9)	1·64(14)	1·80(12)	1·98(16)	1·79(51)
Combined average	2·77	2·89	2·63	2·58	
Yield per acre					
Rye	6·9(5)	7·4(12)	6·1(11)	7·0(13)[c]	6·9(41)
Barley	10·9(5)	12·3(12)	11·3(10)	8·7(8)	11·0(35)
Oats	8·6(6)	6·7(14)	7·1(11)	8·2(16)	7·5(47)
Combined average	8·8	8·8	8·2	8·0	
Change in productivity: cannot be validly calculated against period I.					
Burghclere					
Yield per seed					
Wheat	6·36(16)	5·00(14)	4·13(19)	4·26(23)	4·84(72)
Mancorn	3·61(17)	2·83(13)	3·31(18)	3·72(23)	3·43(71)
Barley	5·16(15)	3·00(13)	2·76(18)	3·49(23)	3·59(69)
Oats	3·01(16)	2·29(13)	1·70(18)	2·12(23)	2·24(70)
Combined average	4·54	3·28	2·98	3·40	
Yield per acre					
Wheat	12·2(12)[b]	//	//	9·7(23)	10·7(38)
Mancorn	11·2(12)	//	//	12·4(23)	11·8(38)
Barley	19·7(12)	//	//	9·1(23)	14·9(38)
Oats	12·4(12)	//	//	8·6(23)	10·1(38)
Combined average	13·9	//	//	9·5	
Change in productivity					
Worse		309(WMBO)	296(WMBO)	234(WBO)	
No change		nil	nil	nil	
Better		nil	nil	18(M)	
High Clere					
Yield per seed					
Wheat	4·04(15)	3·92(14)	4·11(19)	4·32(23)	4·13(71)
Mancorn	3·36(17)	2·41(13)	2·42(19)	3·00(23)	2·83(72)
Barley	4·35(13)	3·42(13)	3·49(19)	4·55(23)	4·04(68)
Oats	2·48(18)	2·62(12)	1·83(18)	2·14(23)	2·23(71)
Combined average	3·56	3·09	2·96	3·50	
Yield per acre					
Wheat	8·7(12)[b]	//	//	9·9(23)	9·3(38)
Mancorn	9·5(12)	//	//	9·0(23)	9·0(38)
Barley	15·6(11)	//	//	18·5(23)	16·7(37)
Oats	9·9(13)	//	//	8·5(23)	9·1(38)
Combined average	10·9	//	//	11·5	
Change in productivity					
Worse		68(WMB)	73½(MBO)	36(MO)	
No change		nil	19(W)	nil	
Better		46(O)	nil	34½(WB)	

[a] The accounts for Esher start in 1236 and are rather patchy afterwards. Wheat was grown only very sporadically on this manor.

[b] 1224–69: all crops in this period.

[c] 1325–44: rye only.

Appendix K

	Period I 1209–70	Period II 1271–99	Period III 1300–24	Period IV 1325–49	Overall average 1209–1349
Ecchinswell					
Yield per seed					
Wheat	5·52(17)	4·15(15)	4·19(19)	4·61(23)	4·62(74)
Mancorn	5·05(13)	3·96(14)	3·40(19)	5·17(23)	4·42(69)
Barley	4·64(16)	3·27(14)	2·92(19)	3·95(23)	3·71(72)
Oats	3·04(19)	2·11(14)	1·96(19)	2·55(23)	2·44(75)
Combined average	4·56	3·37	3·12	4·07	
Yield per acre					
Wheat	12·5(13)[a]	//	//	10·4(23)	11·0(39)
Mancorn	14·6(11)	//	//	17·8(23)	16·8(37)
Barley	17·1(12)	//	//	13·9(23)	14·8(38)
Oats	14·0(13)	//	//	10·2(23)	11·4(39)
Combined average	14·6	//	//	13·1	
Change in productivity					
Worse		166(WMBO)	137½(WMBO)	112(WBO)	
No change		nil	nil	nil	
Better		nil	nil	9(M)	
Ashmansworth					
Yield per seed					
Wheat	5·81(12)	3·82(14)	3·21(19)	3·53(23)	3·90(68)
Mancorn	5·24(14)	2·61(13)	2·22(19)	2·32(23)	2·94(69)
Barley	5·20(14)	3·42(13)	2·74(19)	2·92(23)	3·44(69)
Oats	4·45(17)	2·48(13)	1·60(19)	1·99(23)	2·56(72)
Combined average	5·18	3·08	2·44	2·69	
Yield per acre					
Wheat	12·8(9)[a]	//	//	8·0(23)	9·0(35)
Mancorn	16·0(10)	//	//	8·4(23)	10·6(36)
Barley	17·0(12)	//	//	11·5(23)	13·1(38)
Oats	17·0(12)	//	//	7·9(23)	11·1(38)
Combined average	15·7	//	//	9·0	
Change in productivity					
Worse		123(WMBO)	100(WMBO)	75(WMBO)	
No change		nil	nil	nil	
Better		nil	nil	nil	
Woodhay					
Yield per seed					
Wheat	4·58(13)	3·87(15)	2·98(18)	4·06(23)	3·83(69)
Mancorn	3·78(13)	2·47(14)	2·03(18)	2·84(23)	2·73(68)
Barley	5·88(16)	4·09(14)	3·13(17)	3·83(23)	4·21(70)
Oats	2·82(16)	2·49(14)	1·62(18)	1·91(23)	2·16(71)
Combined average	4·27	3·23	2·44	3·16	
Yield per acre					
Wheat	9·6(12)[a]	//	//	9·4(23)	9·3(38)
Mancorn	9·6(12)	//	//	9·6(23)	9·4(38)
Barley	18·7(13)	//	//	14·6(23)	15·8(39)
Oats	9·8(12)	//	//	7·4(22)	8·5(37)
Combined average	11·9	//	//	10·3	
Change in productivity					
Worse		164(WMBO)	163(WMBO)	126(WMBO)	
No change		nil	nil	nil	
Better		nil	nil	nil	

[a] 1224–69: all crops in this period.

	Period I 1209–70	Period II 1271–99	Period III 1300–24	Period IV 1325–49	Overall average 1209–1349
Overton					
Yield per seed					
Wheat	3·65(17)	4·38(19)	3·84(19)	3·40(23)	3·80(78)
Mancorn	2·87(18)	3·27(18)	2·70(19)	2·45(23)	2·80(78)
Barley	4·33(17)	3·02(18)	3·46(18)	3·01(23)	3·41(76)
Oats	2·60(17)	2·40(18)	1·91(19)	2·08(23)	2·23(77)
Combined average	3·36	3·24	2·98	2·74	
Yield per acre					
Wheat	11·0(12)[a]	11·0(18)	//	7·6(23)	9·6(55)
Mancorn	8·0(11)	10·2(18)	//	8·0(23)	8·8(54)
Barley	16·9(11)	12·1(18)	//	10·6(23)	12·5(54)
Oats	15·1(11)	11·8(18)	//	8·4(23)	10·8(54)
Combined average	12·8	11·3	//	8·7	
Change in productivity					
Worse		178(BO)	156(MBO)	199(WMBO)	
No change		nil	nil	nil	
Better		105(WM)	42(W)	nil	
North Waltham					
Yield per seed					
Wheat	4·14(18)	4·62(17)	3·99(19)	3·97(23)	4·06(77)
Mancorn	2·56(19)	2·59(18)	2·42(19)	2·47(23)	2·50(79)
Barley	3·62(19)	2·72(18)	2·84(18)	2·94(23)	3·08(78)
Oats	2·35(19)	2·29(18)	2·09(16)	2·00(23)	2·17(76)
Combined average	3·17	3·06	2·84	2·85	
Yield per acre					
Wheat	11·0(14)[a]	13·4(17)	//	8·9(23)	11·0(56)
Mancorn	8·1(14)	8·8(18)	//	8·3(23)	8·6(57)
Barley	14·2(14)	10·7(18)	//	10·6(23)	11·6(57)
Oats	12·6(14)	11·6(18)	//	8·0(23)	10·5(57)
Combined average	11·5	11·1	//	9·0	
Change in productivity					
Worse		22(B)	156(WMBO)	102½(WBO)	
No change		125(MO)	nil	22(M)	
Better		28(W)	nil	nil	
Brightwell					
Yield per seed					
Wheat	4·36(18)	4·53(18)	4·44(19)	4·59(20)	4·48(75)
Rye[b]	5·86(11)	4·08(18)	4·37(19)	4·69(22)	4·63(70)
Barley	4·95(18)	4·55(18)	4·96(19)	5·88(22)	5·14(77)
Drage[c]	2·61(11)	2·74(18)	3·05(19)	4·11(22)	3·23(70)
Combined average	4·45	3·98	4·21	4·82	

[a] 1232–69: all crops.
[b] Regular from 1232 onwards.
[c] Regular from 1236 onwards; it replaced oats which after 1249 is very sporadic and quite insignificant.

	Period I 1209–70	Period II 1271–99	Period III 1300–24	Period IV 1325–49	Overall average 1209–1349
Brightwell (cont.)					
Yield per acre					
Wheat	12·4(11)[a]	12·1(18)	//	11·6(20)	12·0(51)
Rye	16·7(10)	11·6(18)	//	11·7(22)	12·6(52)
Barley	21·3(10)	17·9(18)	//	29·6(22)	27·6(52)
Drage	13·8(10)	11·9(18)	//	16·3(22)	14·1(52)
Combined average	16·1	13·4	//	17·3	
Change in productivity					
Worse		90½(RB)	36(R)	32(R)	
No change		nil	101(WB)	nil	
Better		132(WD)	21½(D)	138½(WBD)	
Harwell					
Yield per seed					
Wheat	3·79(16)	3·26(15)	3·80(17)	4·78(22)	4·00(70)
Barley	6·02(16)	4·51(15)	4·83(16)	6·30(22)	5·55(69)
Drage	3·35(12)	2·25(15)	2·96(16)	3·34(22)	3·00(65)
Combined average	4·39	3·34	3·86	4·81	
Yield per acre					
Wheat	9·8(10)[a]	10·0(15)	//	12·0(22)	10·9(49)
Barley	23·2(10)	18·4(15)	//	31·9(22)	25·5(49)
Drage	12·1(9)	9·0(15)	//	13·1(22)	11·6(48)
Combined average	15·0	12·5	//	19·0	
Changes in productivity					
Worse		121(WBD)	40(BD)	nil	
No change		nil	58(W)	13(D)	
Better		nil	nil	82½(WB)	
Morton					
Yield per seed					
Wheat	3·18(14)	2·98(18)	2·83(18)	3·21(18)	3·04(68)
Barley	5·06(13)	2·84(18)	3·58(14)	4·28(10)	3·82(55)
Oats	1·99(15)	2·33(15)[b]	2·57(4)	2·76(15)	2·38(49)
Combined average	3·41	2·72[b]	2·99	3·42	
Yield per acre					
Wheat	9·4(14)	8·8(18)	8·3(16)	9·4(17)	9·0(65)
Barley	20·5(13)	11·5(18)	14·8(11)	17·1(10)	15·5(52)
Oats	9·6(16)	13·8(15)[b]	—	14·3(14)	11·9(52)
Combined average	15·0	10·2[b]	—	13·3	
Changes in productivity					
Worse		105(WB)	93(WB)	17(B)	
No change		nil	nil	50(W)	
Better		6(O)	nil	4½(O)	

[a] 1232–69: all crops in this period.
[b] Somewhat doubtful; probably slightly higher.

	Period I 1209–70	Period II 1271–99	Period III 1300–24	Period IV 1325–49	Overall average 1209–1349
West Wycombe					
Yield per seed					
Wheat	3·48(17)	3·08(19)	3·05(19)	3·21(19)	3·20(74)
Mancorn	4·39(16)	2·79(18)	2·47(19)	2·85(20)	3·07(73)
Barley	4·73(18)	3·45(18)	3·08(19)	3·23(5)	3·70(60)
Oats	2·80(18)	2·18(18)	2·09(18)	2·20(19)	2·31(73)
Combined average	3·85	2·88	2·67	2·87	
Yield per acre					
Wheat	10·2(17)	9·1(18)	8·8(16)	8·4(20)	9·1(71)
Mancorn	12·5(16)	8·3(18)	6·8(16)	8·3(20)	9·0(70)
Barley	18·8(18)	13·7(18)	12·3(16)	12·8(5)	14·8(57)
Oats	14·8(18)	13·0(18)	11·0(16)	8·8(19)	11·9(71)
Combined average	14·1	11·0	9·7	9·6	
Change in productivity					
Worse		294½(WMBO)	243½(WMBO)	210½(WMB ?O)	
No change		nil	nil	nil	
Better		nil	nil	nil	
Ivinghoe					
Yield per seed					
Wheat	4·78(17)	5·50(17)	5·59(18)	4·60(23)	5·08(75)
Barley	[a]	4·29(16)	4·29(12)	5·45(16)	5·08(51)
Oats	2·56(14)	2·58(15)	2·59(18)	2·75(23)	2·63(70)
Combined average		4·12	4·16	4·43	
Yield per acre					
Wheat	12·6(16)	16·4(16)	13·2(15)	10·5(23)	12·9(70)
Barley	[a]	17·1(16)	17·5(11)	24·3(16)	20·3(49)
Oats	13·6(13)	13·0(15)	10·7(16)	11·0(23)	11·9(67)
Combined average		15·5	13·8	15·3	
Changes in productivity					
Worse		nil	nil	92½(W)	
No change		135(O)	115½(O)	nil	
Better		97(W) + ?14(B)[a]	101½(W) + ?5(B)[a]	108(O) + ?12(B)[a]	
Wargrave (excluding Billingbear)					
Yield per seed					
Wheat	5·05(13)	3·74(13)	4·04(19)	4·39(23)	4·29(68)
Mancorn	3·55(13)	3·00(12)	3·11(19)	3·39(23)	3·27(67)
Barley	4·87(15)	3·33(14)	3·59(19)	4·30(23)	4·04(71)
Oats	2·41(15)	1·68(14)	1·54(16)	1·94(23)	1·90(68)
Combined average	3·97	2·94	3·07	3·51	

[a] Barley was grown regularly only from 1253. Seven yield calculations can be made for period I: two early ones and the rest post-1252; the latter are very much higher than the former and it seems that they represent the beginning of a period of improvement and should probably not be considered representative of the period as a whole. I have therefore, tentatively, included subsequent period averages for barley as representing an improvement on period I. In any case, since barley was not an important crop, in terms of acreage under it, this is not of any great significance for our assessment of Ivinghoe's performance generally.

	Period I 1209–70	Period II 1271–99	Period III 1300–24	Period IV 1325–49	Overall average 1209–1349
Wargrave (cont.)					
Yield per acre					
Wheat	14·4(11)[b]	11·6(14)	12·1(16)	13·2(23)	12·8(64)
Mancorn	10·6(11)	8·9(14)	9·4(16)	10·0(23)	9·7(64)
Barley	19·0(12)	12·9(13)	14·0(16)	17·2(23)	15·9(64)
Oats	13·2(12)	9·3(13)	7·8(16)	9·7(23)	9·8(64)
Combined average	14·3	10·7	10·8	12·5	
Changes in productivity					
Worse		421(WMBO)	362(WMBO)	319(WMBO)	
No change		nil	nil	nil	
Better		nil	nil	nil	
Adderbury					
Yield per seed					
Wheat	3·35(14)	3·18(17)	3·95(19)	3·65(22)	3·56(72)
Rye	4·06(15)	3·76(16)	4·11(19)	3·77(22)	3·92(72)
Drage	(*c.* 4·34)[a]	3·36(16)	3·42(19)	3·73(23)	3·63(61)
Oats	3·30(16)	2·90(16)	3·00(17)	3·47(22)	3·19(71)
Combined average	(*c.* 3·76)[a]	3·30	3·62	3·66	
Yield per acre					
Wheat	10·8(8)[b]	7·9(16)	//	10·9(22)	9·8(48)
Rye	13·4(10)	10·5(16)	//	11·3(22)	11·5(50)
Drage	(*c.* 18·6)[c]	12·6(16)	//	15·4(22)	14·3(42)
Oats	15·8(10)	14·2(16)	//	17·1(22)	16·0(50)
Combined average	(*c.* 15·4)[c]	11·3	//	13·7	
Changes in productivity					
Worse		259½(WRD ?O)	91½(D ?O)	165(RD ?)	
No change		nil	55(R)	nil	
Better		nil	25(W)	57(WO)	
Witney					
Yield per seed					
Wheat	2·93(17)	3·13(19)	2·94(16)	2·85(22)	2·96(74)
Barley	4·21(17)	3·97(17)	4·14(16)	4·22(22)	4·13(72)
Drage	3·59(10)	2·80(11)	2·78(12)	2·72(22)	2·90(59)
Oats	2·35(17)	2·22(18)	2·13(18)	1·89(22)	2·13(75)
Combined average	3·27	3·03	3·00	2·92	

[a] Barley was replaced by drage at Adderbury in 1265; thus yield calculations can be made for barley for period I but not afterwards, and for drage for subsequent periods but not for period I. To get over this difficulty I have taken the average of barley and oats in period I as roughly representing the value of drage for this period. The figures are as follows: barley 5·38(14), oats 3·30(16). The three calculations which can be made for drage in this period (1245, 1265, 1268) also indicate that productivity of drage was higher than afterwards: 5·59(3).

[b] 1232–69: all crops in this period.

[c] Similar procedure as above was applied to yields per acre. The relevant figures are: barley 21·4(8), oats 15·8(10).

	Period I 1209–70	Period II 1271–99	Period III 1300–24	Period IV 1325–49	Overall average 1209–1349
Witney (cont.)					
Yield per acre					
Wheat	8·6(11)[a]	9·0(18)	//	7·3(22)	8·2(53)
Barley	15·7(11)	15·8(17)	//	16·7(22)	16·2(52)
Drage	15·4(7)	13·8(11)	//	11·2(22)	12·8(42)
Oats	12·2(11)	13·3(18)	//	7·6(22)	10·7(53)
Combined average	13·0	13·0	//	10·7	
Changes in productivity					
Worse		205(BDO)	123(DO)	107(DO)	
No change		nil	174(WB)	171½(WB)	
Better		189½(W)	nil	nil	
Downton (with Cowyck)					
Yield per seed					
Wheat	2·73(19)	2·55(19)	3·37(19)	3·37(23)	3·02(80)
Barley	4·23(18)	2·42(18)	3·75(19)	4·02(23)	3·63(78)
Oats	2·61(17)	2·04(18)	2·45(19)	2·79(23)	2·49(77)
Combined average	3·19	2·34	3·19	3·39	
Yield per acre					
Wheat	7·0(19)	6·1(18)	8·3(16)	8·5(23)	7·5(76)
Barley	14·7(18)	8·1(18)	15·2(16)	16·0(23)	13·6(75)
Oats	11·1(17)	7·8(17)	10·1(16)	11·0(23)	10·1(73)
Combined average	10·9	7·3	11·2	11·8	
Changes in productivity					
Worse		532(WBO)	247(BO)	104(B)	
No change		nil	nil	nil	
Better		nil	180½(W)	174(WO)	
Bishopstone					
Yield per seed					
Wheat	2·95(17)	3·29(19)	4·83(17)	4·62(23)	3·96(76)
Barley	4·60(17)	3·34(18)	5·45(17)	4·83(23)	4·54(75)
Oats	2·42(18)	1·73(18)	2·94(14)	2·43(22)	2·35(72)
Combined average	3·32	2·79	4·41	3·96	
Yield per acre					
Wheat	7·2(11)[a]	8·4(18)	//	11·7(23)	9·7(55)
Barley	13·3(11)	9·9(18)	//	19·0(23)	14·8(55)
Oats	7·9(12)	6·9(18)	//	9·7(22)	8·4(55)
Combined average	9·5	8·4	//	13·5	
Changes in productivity					
Worse		130(BO)	nil	nil	
No change		nil	nil	40½(O)	
Better		70(W)	159(WBO)	117(WB)	

[a] 1232–69: all crops.

Appendix K

	Period I 1209–70	Period II 1271–99	Period III 1300–24	Period IV 1325–49	Overall average 1209–1349
Knoyle (without Upton)					
Yield per seed					
Wheat[a]	2·77(16)	3·55(19)	3·76(18)	3·20(21)	3·33(74)
Barley	3·41(16)	3·78(18)	3·70(18)	3·35(23)	3·56(75)
Oats	2·20(16)	1·96(18)	2·15(17)	1·85(23)	2·02(74)
Combined average	2·79	3·10	3·20	2·80	
Yield per acre					
Wheat	8·2(10)[b]	10·6(18)	//	8·3(22)	9·4(53)
Barley	13·1(10)	15·2(18)	//	13·5(23)	14·2(54)
Oats	12·1(10)	9·9(18)	//	7·5(23)	9·4(54)
Combined average	11·1	11·9	//	9·8	
Changes in productivity					
Worse		147½(O)	nil	91½(O)	
No change		nil	100½(O)	53(B)	
Better		166(WB)[a]	159(WB)	119(W)	
Fonthill					
Yield per seed					
Wheat	2·77(10)	4·04(19)	3·61(18)	3·50(23)	3·57(70)
Mancorn	2·77(10)	3·37(18)	2·34(16)	2·59(22)	2·77(66)
Barley	4·35(11)	4·22(18)	4·06(18)	3·64(23)	4·01(70)
Oats	2·26(11)	2·31(18)	2·10(18)	2·30(23)	2·27(70)
Combined average	3·04	3·49	3·03	3·01	
Yield per acre					
Wheat	8·1(10)[b]	12·0(18)	//	8·7(23)	10·1(54)
Mancorn	8·7(10)	10·0(18)	//	6·6(21)	8·3(52)
Barley	16·8(10)	16·9(18)	//	14·5(23)	16·2(54)
Oats	12·6(10)	12·8(18)	//	9·2(23)	11·1(54)
Combined average	11·6	12·9	//	9·8	
Changes in productivity					
Worse		28½(B)	105½(MBO)	41(MB)	
No change		47(O)	nil	27(O)	
Better		76(WM)	58(W)	49(W)	
Taunton					
Yield per seed					
Wheat	4·83(19)	4·92(18)	4·91(18)	4·92(23)	4·89(78)
Rye	5·66(18)	3·68(18)	3·71(15)	5·55(10)	4·58(61)
Barley	6·26(14)	4·26(18)	4·85(13)	4·66(12)	4·97(57)
Oats	3·29(17)	2·91(18)	3·12(16)	3·05(23)	3·05(74)
Combined average	5·01	3·94	4·15	4·55	

[a] Mancorn which was grown regularly over the first two periods also shows an improvement in the second period: from 3·12(15) to 3·50(13).

[b] 1236–69: all crops.

	Period I 1209–70	Period II 1271–99	Period III 1300–24	Period IV 1325–49	Overall average 1209–1349
Taunton (cont.)					
Yield per acre					
Wheat	8·8(18)	9·1(18)	8·8(16)	8·1(23)	8·7(75)
Rye	10·6(18)	6·9(18)	7·1(15)	9·8(10)	8·7(61)
Barley	18·8(14)	12·7(18)	15·7(13)	15·8(12)	15·5(57)
Oats	14·4(17)	11·2(18)	11·6(15)	10·2(23)	11·7(73)
Combined average	13·2	10·0	10·8	11·0	
Changes in productivity					
Worse		792(RBO)	679(RBO)	350(R ?BO)	
No change		722(W)	633(W)	440(W)	
Better		nil	nil	nil	
Rimpton					
Yield per seed					
Wheat	5·45(17)	4·79(13)	5·67(18)	5·32(23)	5·34(71)
Barley	4·43(15)	4·60(13)	5·20(7)	4·72(12)	4·65(46)
Oats	3·41(17)	3·14(12)	3·53(18)	3·42(23)	3·40(70)
Combined average	4·43	4·18	4·80	4·49	
Yield per acre					
Wheat	8·7(17)	7·1(13)	9·4(16)	7·9(23)	8·3(69)
Barley	13·1(15)	10·7(13)	12·7(5)	15·8(11)	13·0(44)
Oats	12·0(17)	9·6(12)	10·9(16)	9·8(23)	10·7(68)
Combined average	11·3	9·1	11·0	11·2	
Changes in productivity					
Worse		230(WO)	nil	112(W)	
No change		nil	nil	79(O)	
Better		6(B)	226½(WBO)	4(B)	

L *Some data relevant to the assessment of changes in productivity*

Manor	Period	Average no. of animals[a]	Average no. of sheep (including lambs)	No. of animal units[b]	Average area under seed (in acres)[c]	No. of animal units per 100 acres under seed[d]
Fareham	I	62	415	166	286	58
	II	53	227	110	286	38
	III	41	217	95	221	43
	IV	51	256	115	144	80
Bitterne	I	67	79	87	94	93
	II	51	38	61	93	66
	III	44	90	67	79	85
	IV	18	96	42	52	81
Waltham	I	133	835	342	532	64
	II	123	657	287	422	68
	III	106	645	267	347	77
	IV	62	558	202	189	107
Twyford	I	92	1618	497	633	79
	II	79	1487	451	615	73
	III	94	1709	521	531	98
	IV	61	1503	437	389	112
Stoke	I	96	11	99	148	67
	II	82	7	84	170	49
	III	83	0	83	149	56
	IV	51	47	63	87	72
East Meon	I	116	1545	502	619	81
	II	129	1488	501	576	87
	III	125	1695	549	488	112
	IV	108	1433	466	473	99
East Meon Church	I	22	153	60	92	65
	II	8	95	32	80	40
	III	9	139	44	77	57
	IV	7	147	44	64	69
Hambledon	I	41	746	228	254	90
	II	65	644	226	255	89
	III	64	770	257	244	105
	IV	54	714	233	201	116

[a] Includes all animals of the equine and bovine class, irrespective of the age of the animal. The figures given represent the position at the end of the year.

[b] Animals in column 2, each counted as one unit, +sheep counted at four sheep to a unit. All figures for animals exclude the year 1349 because of the large number of heriots.

[c] Acreages expressed in customary acres have been converted into approximate measured equivalents.

[d] Hereafter referred to as the animal ratio.

Data relevant to assessment of changes in productivity

Manor	Period	Average no. of animals	Average no. of sheep	No. of animal units	Average area under seed	The animal ratio
Alresford	I	50	786	247	247	100
	II	43	456	157	165	95
	III	43	809	245	184	133
	IV	37	1089	309	184	168
Beauworth	I	26	199	76	140	54
	II	22	130	55	100	55
	III	19	180	64	109	59
	IV	13	106	40	98	41
Cheriton	I	69	702	245	381	64
	II	55	539	190	279	68
	III	76	776	270	283	95
	IV	55	791	253	229	110
Sutton	I	60	485	181	262	69
	II	47	326	129	199	65
	III	65	567	207	192	108
	IV	30	441	140	167	84
Wield	I	38	246	100	206	49
	II	30	149	67	116	58
	III	40	304	116	126	92
	IV	20	211	73	116	63
Crawley	I	64	1175	358	358	100
	II	70	959	307	324	95
	III	56	1223	362	272	133
	IV	26	883	247	213	116
Mardon	I	129	439	239	396	60
	II	116	342	202	561[a]	36
	III	122	654	286	453	63
	IV	95	351	183	332	55
Bentley	I	39	53	52	187	28
	II	36	13	39	177	22
	III	35	0	35	159	22
	IV	30	3	31	165	19
Farnham (including Seal)	I	71	388	168	256	66
	II	51	338	136	107	127
	III	36	104	62	66	94
	IV	40	107	67	75	89

[a] Or somewhat less; the nature of acres under wheat is not entirely certain in a small number of years.

Appendix L

Manor	Period	Average no. of animals	Average no. of sheep	No. of animal units	Average area under seed	The animal ratio
Burghclere	I	65	494	191	376	51
	II	55	288	127	311	41
	III	50	365	141	303	47
	IV	48	434	157	266	59
High Clere	I	90	330	173	157	110
	II	102	339	187	117	160
	III	78	321	158	91	174
	IV	66	305	142	73	195
Ecchinswell	I	35	575	179	166	108
	II	29	578	174	170	102
	III	22	599	172	141	122
	IV	20	594	169	124	136
Ashmansworth	I	26	257	90	185	49
	II	25	267	92	124	74
	III	18	329	100	101	99
	IV	15	107	42	78	54
Woodhay	I	40	367	132	238	55
	II	31	204	82	166	49
	III	24	233	82	166	49
	IV	20	114	49	132	37
Overton	I	74	1202	375	307	122
	II	65	1080	335	296	113
	III	64	985	310	209	148
	IV	52	1100	327	215	152
North Waltham	I	49	420	154	221	70
	II	39	233	97	180	54
	III	22	300	97	165	59
	IV	17	110	45	133	34
Brightwell	I	68	161	108	223	48
	II	79	45	90	245	37
	III	77	10	80	168	48
	IV	66	6	68	188	36
Harwell	I	27	44	38	137	28
	II	26	26	33	128	26
	III	21	45	32	107	30
	IV	24	6	26	127	20
Morton	I	47	127	79	153	52
	II	54	99	79	147	54
	III	57	13	60	139	43
	IV	22	22	28	119	24

Manor	Period	Average no. of animals	Average no. of sheep	No. of animal units	Average area under seed	The animal ratio
West Wycombe	I	73	341	168	364	46
	II	63	349	160	301	53
	III	70	292	143	248	58
	IV	56	207	108	239	45
Ivinghoe	I	87	345	173	346	50
	II	87	315	166	273	61
	III	82	226	139	266	52
	IV	67	132	100	275	36
Wargrave	I	101	248	163	405	40
	II	109	273	177	418	42
	III	139	231	197	385	51
	IV	99	372	192	346	55
Adderbury	I	55	272	123	236	52
	II	52	365	143	260	55
	III	56	217	110	180	61
	IV	46	280	116	249	47
Witney	I	100	271	168	436	39
	II	99	366	191	398	48
	III	86	512	214	302	71
	IV	74	582	217	294	74
Downton	I	147	1855	611	758	81
	II	134	1418	489	567	86
	III	138	1611	541	464	117
	IV	87	1230	395	299	132
Bishopstone	I	30	286	102	269	38
	II	40	445	151	218	69
	III	39	782	235	177	133
	IV	24	554	163	167	98
Knoyle	I	110	1838	570	397	144
	II	112	1758	552	346	160
	III	122	1617	526	280	188
	IV	75	1580	470	280	168
Fonthill	I	30	330	113	201	56
	II	30	285	101	162	62
	III	25	193	73	172	42
	IV	19	147	56	125	45
Taunton	I	297	395	396	1829	22
	II	250	340	335	1551	22
	III	224	136	258	1320	20
	IV	158	0	158	900	18
Rimpton	I	61	131	94	237	40
	II	60	0	60	256	23
	III	77	0	77	249	31
	IV	50	19	55	217	25

M Comparison of changes in productivity with changes in the area under seed and the ratio of animals to that area

	Changes between periods		
	I and II	II and III	III and IV
Fareham			
Animal ratio[a]	−20	+5	+37
Area under seed[b]	=	−22·7%	−34·8%
Yield per seed[c]	−18·9%(−21·5)	+10·8%	+1·3%
Bitterne			
Animal ratio	−27	+19	−4
Area under seed	−1·1%	−15·1%	−34·2%
Yield per seed	−16·1%(−21·3)	+4·3%	+16·1%
Waltham			
Animal ratio	+4	+9	+30
Area under seed	−20·7%	−17·8%	−45·5%
Yield per seed	−13·7%(−11·9)	− 5·2%	+5·8%
Twyford			
Animal ratio	−6	+25	+14
Area under seed	−2·8%	−13·7%	−26·7%
Yield per seed	−18·3%	+1·8%	−13·6%
Stoke			
Animal ratio	−18	+7	+16
Area under seed	+14·9%	−12·4%	−41·6%
Yield per seed	−16·3%	+2·9%	−9·5%
East Meon			
Animal ratio	+6	+25	−13
Area under seed	−7·0%	−15·3%	−3·1%
Yield per seed	−15·7%(−13·0)	+8·0%	+4·1%
East Meon Church			
Animal ratio		+17	+12
Area under seed		−3·8%	−16·9%
Yield per seed		+6·6%	−8·7%

[a] In animal units per 100 acres of area under seed.
[b] As a percentage change from the position in the preceding period.
[c] As a percentage change from the position in the preceding period. In brackets change in yields per acre if it can be calculated against the preceding period.

	Changes between periods		
	I and II	II and III	III and IV
Hambledon			
Animal ratio	−1	+16	+11
Area under seed	+0·4%	−4·3%	−17·6%
Yield per seed	− 4·9%(−15·2)	+3·2%(−2·2)	+5·9%(+0·8)
Alresford			
Animal ratio	−5	+38	+35
Area under seed	−33·2%	+11·5%	=
Yield per seed	−1·8%(−2·6)	+27·6%(+7·2)	−12·8%(−17·7)
Beauworth			
Animal ratio	+1	+4	−18
Area under seed	−28·6%	+9·0%	−10·1%
Yield per seed	−2·2%(−14·2)	−4·2%(−9·2)	−7·1%(−17·2)
Cheriton			
Animal ratio	+4	+27	+15
Area under seed	−26·8%	+1·4%	−19·1%
Yield per seed	−8·1%(−20·7)	+6·0%(−6·5)	+3·8%(+4·7)
Sutton			
Animal ratio	−4	+43	−24
Area under seed	−24·1%	−3·5%	−13·0%
Yield per seed	+6·4%(−16·7)	+18·9%(+12·9)	−11·6%(−16·7)
Wield			
Animal ratio	+9	+34	−29
Area under seed	−43·7%	+8·6%	−7·9%
Yield per seed	−8·5%(−9·3)	+22·9%(+25·5)	−14·5%(−26·8)
Crawley			
Animal ratio	−5	+38	−17
Area under seed	−9·5%	−16·1%	−21·7%
Yield per seed	−17·7%	−1·1%	+8·3%
Mardon			
Animal ratio	−24	+27	−8
Area under seed	+41·7%[a]	−19·3%[a]	−26·7%
Yield per seed	−18·3%(−35·8)	−2·3%	−10·9%
Bentley			
Animal ratio	−6	=	−3
Area under seed	−5·4%	−10·1%	+3·8%
Yield per seed	−5·3%(−17·2)	+3·6%(−7·2)	+17·7%(+17·5)

[a] The magnitude of the change is probably somewhat exaggerated.

Appendix M

	Changes between periods		
	I and II	II and III	III and IV
Farnham (excluding Seal)[a]			
Animal ratio	+61	−33	−5
Area under seed	−61·4%	−4·7%	+13·6%
Yield per seed	−11·2%(−21·0)	−4·2%(−15·9)	+26·0%(+21·1)
Burghclere			
Animal ratio	−10	+6	+12
Area under seed	−17·3%	−2·8%	−12·2%
Yield per seed	−27·8%	−9·2%	+14·1%
High Clere			
Animal ratio	+50	+14	+21
Area under seed	−25·9%	−22·2%	−19·8%
Yield per seed	−13·2%	−4·2%	+18·2%
Ecchinswell			
Animal ratio	−6	+20	+14
Area under seed	+2·4%	−17·1%	−12·1%
Yield per seed	−26·1%	−7·4%	+30·5%
Ashmansworth			
Animal ratio	+25	+25	−45
Area under seed	−33·0%	−18·6%	−22·8%
Yield per seed	−40·5%	−20·8%	+10·3%
Woodhay			
Animal ratio	−6	=	−12
Area under seed	−30·3%	=	−20·5%
Yield per seed	−24·4%	−24·5%	+29·5%
Overton			
Animal ratio	−9	+35	+4
Area under seed	−3·6%	−29·4%	+2·9%
Yield per seed	−3·6%(−11·7)	−8·0%	−8·1%
North Waltham			
Animal ratio	−16	+5	−25
Area under seed	−18·6%	−8·3%	−19·4%
Yield per seed	−3·5%(−3·5)	−7·2%	+0·4%
Brightwell			
Animal ratio	−11	+11	−12
Area under seed	+9·9%	−31·5%	+11·9%
Yield per seed	−1·2%(−16·8)	+5·8%	+14·5%
Harwell			
Animal ratio	−2	+4	−10
Area under seed	−6·6%	−16·4%	+18·7%
Yield per seed	−23·9%(−16·7%)	+15·6%	+24·6%

[a] Except for the animal ratio which is calculated with Seal included.

	Changes between periods		
	I and II	II and III	III and IV
Morton			
Animal ratio	+2	−11	−19
Area under seed	−3·9%	−5·4%	−14·4%
Yield per seed	−20·2%(−19·7)	+ 9·9%(+18·9)	+14·4%(+7·9)
West Wycombe			
Animal ratio	+7	+5	−13
Area under seed	−17·3%	−17·6%	−3·6%
Yield per seed	−25·2%(−22·0)	−7·3%(−11·8)	+7·5%(−1·0)
Ivinghoe			
Animal ratio	+11	−9	−16
Area under seed	−21·1%	−2·6%	+3·4%
Yield per seed	−8·0%(−5·5)	+1·0%(−11·0)	+6·5%(+10·9)
Wargrave			
Animal ratio	+2	+9	+4
Area under seed	+3·2%	−7·9%	−10·1%
Yield per seed	−25·9%(−25·2)	+4·4%(+0·9)	+14·3%(+15·7)
Adderbury			
Animal ratio	+3	+6	−14
Area under seed	+10·2%	−30·8%	+38·3%
Yield per seed	−17·9%(−26·6)	+9·7%	+1·1%
Witney			
Animal ratio	+9	+23	+3
Area under seed	−8·7%	−24·1%	−2·7%
Yield per seed	−7·3%(=)	−1·0%	−2·7%
Downton			
Animal ratio	+5	+31	+15
Area under seed	−25·2%	−18·2%	−35·6%
Yield per seed	−26·7%(−33·0)	+36·3%(+53·4)	+6·3%(+5·4)
Bishopstone			
Animal ratio	+31	+64	−35
Area under seed	−19·0%	−18·8%	−5·6%
Yield per seed	−16·0%(−11·6)	+58·1%	−10·2%
Knoyle			
Animal ratio	+16	+28	−20
Area under seed	−12·9%	−19·1%	=
Yield per seed	+11·1%(+7·2)	+3·2%	−12·5%
Fonthill			
Animal ratio	+6	−20	+3
Area under seed	−19·4%	+6·2%	−27·3%
Yield per seed	+14·8%(+11·2)	−13·2%	−0·7%

Appendix M

	Changes between periods		
	I and II	II and III	III and IV
Taunton			
Animal ratio	=	−2	−2
Area under seed	−15·2%	−14·9%	−31·8%
Yields per seed	−21·4%(−24·2)	+5·3%(+8·0)	+9·6%(+1·9)
Rimpton			
Animal ratio	−17	+8	−6
Area under seed	+8·0%	−2·7%	−12·9%
Yield per seed	−5·6%(−19·5%)	+14·8%(+20·9)	−6·5%(+1·8)

N

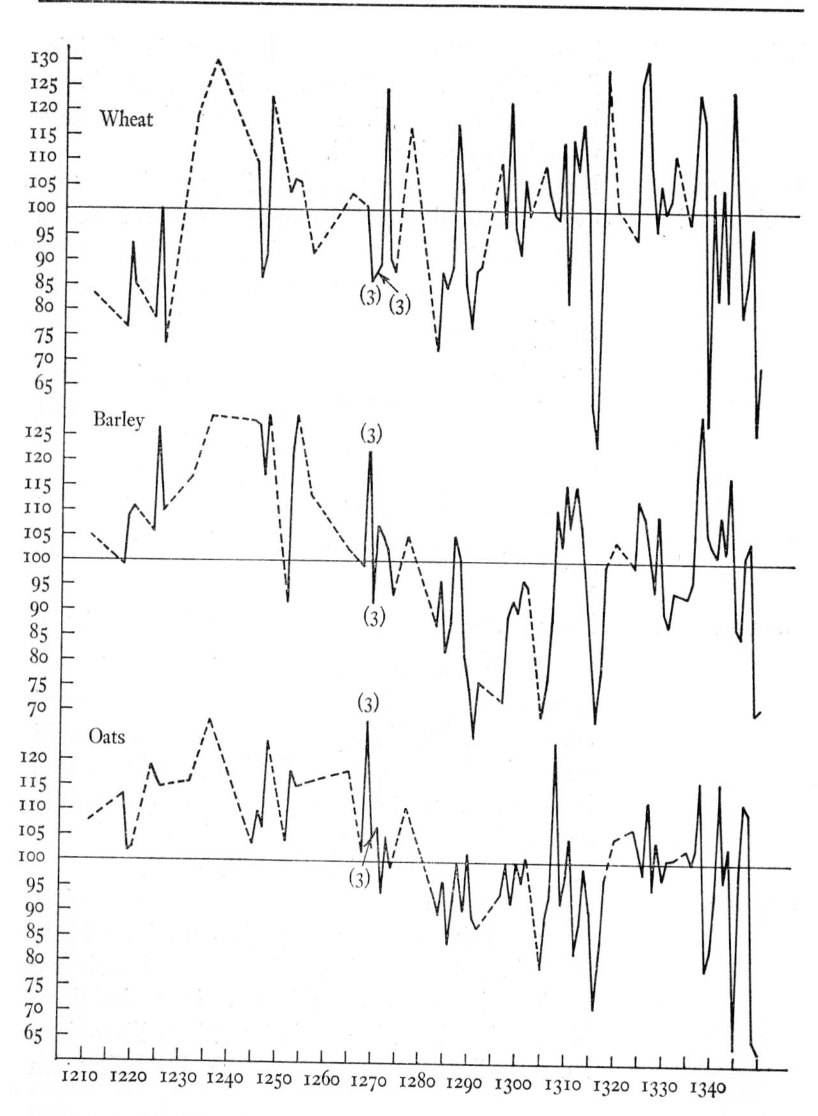

Appendix N: Average annual yields for the Winchester estates. Each year's average is calculated against the 1209–1350 average of the manors going into the annual average (i.e. not of all the manors of the estates) = 100.
(3) = Average of only 3 manors.

O [Wydehae] Exitus Grangie [1255][1]

Exitus Grangie

Idem r(eddit) compotum de lv quarteriis dimidio, ii busellis, de toto exitu frumenti veteris grani cum incremento granarii. In supravenditione totum unde iii quarteria curalli.

Frumentum hujus anni

Idem r(eddit) compotum de xvii quarteriis de toto exitu frumenti cum incremento granarii. Et de v quarteriis i busello et dimidio busello frumenti de cherisetto. Et de lxiii quarteriis remanentibus in tass(o) per estimationem. Summa $\overset{\text{xx}}{\underset{\text{iiii}}{\ldots\ldots}}$.v quarteria i busellus, dimidius busellus. De quibus in semine de lxi acris et dimidia in campo de Wydecumbe et Wodeflode xv quarteria iii buselli, dimidius busellus, in acra ii buselli. In consuetudine haiwardi i busellus. In supravenditione vi quarteria et dimidium, i busellus. Et remanent per estimationem in tass(o) lxiii quarteria.

Beremancornum

Idem r(eddit) compotum de $\overset{\text{xx}}{\underset{\text{iiii}}{\ldots\ldots}}$.xvi quarteriis, ii busellis de toto exitu beremancorni de grangia cum incremento granarii. De quibus in semine de lxvi acris per perticam in Wydecumbe et Mancroft xxviii quarteria dimidium, in acra iii buselli. In liberatione i valetti custodientis pastur(as), cultur(as) de Wydehaye et Esmeresworthe, vi quarteria et dimidium. In supravenditione lxi quarteria, ii buselli.

Ordeum

Idem r(eddit) compotum de xlii quarteriis dimidio de toto exitu ordei de grangia cum incremento granarii. De quibus in semine de xxiiii acris per perticam in Medelfelde viii quarteria et dimidium, iii buselli, scilicet, in acra iii buselli. In liberatione i carectarii per annum v quarteria i busellus. In

[1] Hampshire Record Office, Eccl. Comm. 2/159296.

liberatione iiii tinctorum[1] per annum xx quarteria et dimidium. In supravenditione viii quarteria.

Avena Idem r(eddit) compotum de Cxv quarteriis dimidio de toto exitu avene de grangia cum incremento granarii. De quibus in semine de $\overset{\text{xx}}{\underset{\text{iiii}}{\ldots\ldots}}$.xviii acris per perticam in campo de Medelfelde xlviii quarteria et dimidium, iii buselli, in acra dimidium quarterium. In prebenda ii equorum carectariorum a festo St. Hilarii usque ad invencionem Sancte Crucis, per xvii septimanas, v quarteria et dimidium. In prebenda ii affrorum trahencium ad carucam per dictum tempus iii quarteria. In bobus sustinendis per estimacionem in garbis x quarteria. In consuetudine i haywardi i busellus. In supravenditione xlviii quarteria.

Pise Idem r(eddit) compotum de i quarterio iii busellis de toto exitu pisarum. De quibus in semine iii buselli. In supravenditione i quarterium.

Vesce Idem r(eddit) compotum de ii quarteriis de toto exitu vescarum. In semine i quarterium. In supravenditione i quarterium.

[1] *Sic* in MS; clearly an error for *tenatorum*.

P Comparison of medieval yields with modern yields

	A single manor's average 1209–1349[a]		The highest single yield	
	lowest	highest	Medieval[b] (1209 to 1349)	Modern[c] (1969)
Wheat	5·8 (Esher, 20) 7·0 (Sutton, 64)	13·8 (East Meon, 55)	27·2[d]	3 tons and over (Berks., Wilts.) = 136 + bushels
Barley	11·0 (Wield, 60)	27·6 (Brightwell, 52)	54·4[e]	2 tons and over = 90·7 + bushels
Oats	7·5 (Esher, 47)	16·0 (Adderbury, 50)	34·5[f]	46·4 cwt. (Essex) = 105·3 bushels

[a] In bushels per *measured* acre. In brackets the number of calculations going into each average.

[b] In bushels per *measured* acre. These are the highest figures ever recorded between 1209 and 1350.

[c] Based on the report by L. Amey, in *The Times* of 29 September 1969. Converted to an approximate equivalent in medieval bushels on the assumption that 1 quarter = 395 lbs avoir, 1 bushel = 49·37 lbs avoir. Since *The Times* report does not specify seed rates, the medieval and modern figures are not strictly comparable.

[d] Ashmansworth, 1236. This figure may have been exceeded very considerably at North Waltham in 1211 when a yield of 38·3 bushels per *customary* acre, equivalent to up to 76·6 bushels per *measured* acre, was obtained. No errors can be detected anywhere but the figure, if correct, is clearly a freak one not only for North Waltham itself but for all the Winchester manors generally.

[e] Ivinghoe, 1340.

[f] Morton, 1298.

	County averages					
	Medieval[b] (1325–49)			Modern[c] (1969)		
	Wheat	Barley	Oats	Wheat	Barley	Oats
Hampshire[g]	9·0	13·1	8·9	32 cwt = 72·6	34 cwt = 77·1	38 cwt = 86·2
Surrey[h]	10·0	15·0	9·5	33 cwt = 74·9	30 cwt = 68·1	—
Berkshire[i]	12·3	26·1	8·7	37 cwt = 83·9	31 cwt = 70·3	37 cwt = 83·9
Buckinghamshire[j]	9·5	21·6	11·0	31 cwt = 70·3	32 cwt = 72·6	33 cwt = 74·9
Oxfordshire[k]	9·1	16·7	12·3	36 cwt = 81·7	35 cwt = 79·4	33 cwt = 74·9
Wiltshire[l]	9·3	15·8	9·3	38 cwt = 86·2	33 cwt = 74·9	38 cwt = 86·2
Somerset[m]	8·0	15·8	10·3	36 cwt = 81·7	33 cwt = 74·9	35 cwt = 79·4
Average:	9·6	17·7	10·0[n]	= 78·8	= 73·9	= 80·9
Great Britain average 1959–68:				32 cwt = 72·6	29 cwt = 65·8	26 cwt = 59·0
Great Britain average 1969:				35 cwt = 79·4	32 cwt = 72·6	32 cwt = 72·6

[g] Twenty-three manors; number of calculations: 521, 517, 517.
[h] One manor only; number of calculations: 23, 22, 21.
[i] Three manors; number of calculations: 65, 67, 39 (two manors only).
[j] Three manors; number of calculations: 60, 26 (two manors only), 56.
[k] Two manors only; number of calculations: 44, 22 (one manor only), 44.
[l] Four manors; number of calculations: 91, 92, 91.
[m] Two manors only; number of calculations: 46, 23, 46.
[n] Or, 10·1 without Surrey.

Q

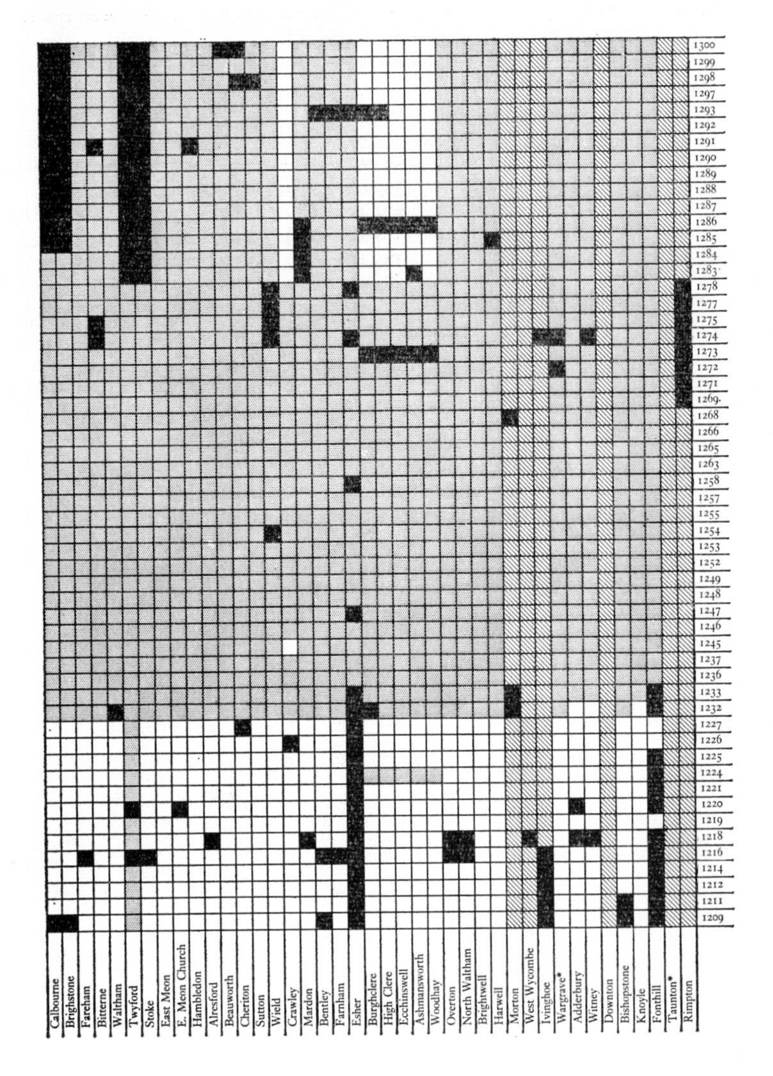

1300
1299
1298
1297
1293
1292
1291
1290
1289
1288
1287
1286
1285
1284
1283
1278
1277
1275
1274
1273
1272
1271
1269
1268
1266
1265
1263
1258
1257
1255
1254
1253
1252
1249
1248
1247
1246
1245
1237
1236
1233
1232
1227
1226
1225
1224
1221
1220
1219
1218
1216
1214
1212
1211
1209
Calbourne
Brighstone
Fareham
Bitterne
Waltham
Twyford
Stoke
East Meon
E. Meon Church
Hambledon
Alresford
Beauworth
Cheriton
Sutton
Wield
Crawley
Mardon
Bentley
Farnham
Esher
Burghclere
High Clere
Ecchinswell
Ashmansworth
Woodhay
Overton
North Waltham
Brightwell
Harwell
Morton
West Wycombe
Ivinghoe
Wargrave*
Adderbury
Witney
Downton
Bishopstone
Knoyle
Fonthill
Taunton*
Rimpton

Calbourne
Brighstone
Fareham
Bitterne
Waltham
Twyford
Stoke
East Meon
E. Meon Church
Hambledon
Alresford
Beauworth
Cheriton
Sutton
Wield
Crawley
Mardon
Bentley
Farnham
Esher
Burghclere
High Clere
Ecchinswell
Ashmansworth
Woodhay
Overton
North Waltham
Brightwell
Harwell
Morton
West Wycombe
Ivinghoe
Wargrave*
Adderbury
Witney
Downton
Bishopstone
Knoyle
Fonthill
Taunton*
Rimpton

1301 1302 1303 1306 1307 1308 1309 1310 1311 1312 1313 1314 1315 1316 1317 1318 1319 1320 1321 1325 1326 1327 1328 1329 1330 1331 1332 1333 1335 1336 1337 1338 1339 1340 1341 1342 1343 1344 1345 1346 1347 1348 1349 1350

customary acres

? customary acres (but identification not absolutely certain)

standard acres

standard acres throughout (or customary acre = standard acre)

no information available (account missing, or damaged, or only the quantity sown given)

* = a composite manor

Appendix Q: Chronology of changes with regard to acres. (This diagram embodies my conclusions; for a discussion of the whole problem of identifying acres on the Winchester estates see my Ph.D. thesis (in the University Library, Cambridge) Appendix I. I also plan to include the discussion of this problem in my forthcoming study of the Winchester estates.)